AF259890

QUELQUES PAGES D'HISTOIRE

OU

M. THIERS

JUGÉ PAR SES CONTEMPORAINS

———

SA POLITIQUE EXPOSÉE PAR LUI-MÊME

PARIS

LIBRAIRIE DE L. BEAUVAIS

25, QUAI VOLTAIRE, 25

1871

QUELQUES PAGES D'HISTOIRE

OU

M. THIERS

JUGÉ PAR SES CONTEMPORAINS

SA POLITIQUE EXPOSÉE PAR LUI-MÊME

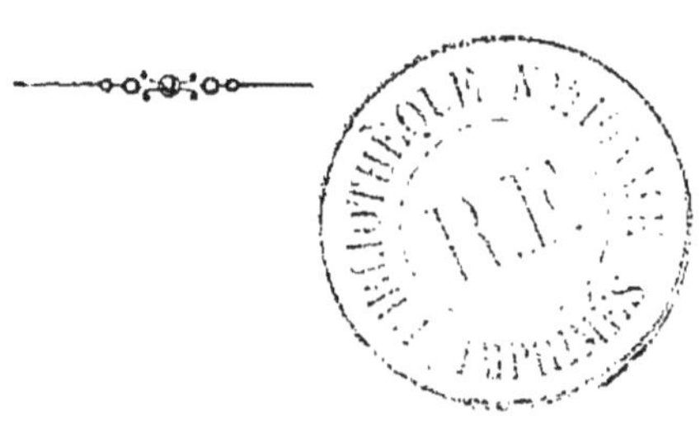

PARIS

LIBRAIRIE DE L. BEAUVAIS

25, QUAI VOLTAIRE, 25

1871

M. THIERS

JUGÉ PAR SES CONTEMPORAINS

L'homme d'Etat auquel l'Assemblée nationale a confié les rênes du Gouvernement provisoire et la direction des affaires publiques attire en ce moment l'attention de tout le pays.

M. Thiers est-il à la hauteur de la difficile et périlleuse mission qu'il a acceptée?

M. Thiers réussira-t-il à rétablir le crédit de la France, si fortement ébranlé par les bouleversements profonds auxquels nous venons d'assister?

M. Thiers, après avoir montré énergie et courage pour enlever Paris à l'insurrection, joindra-t-il à ce mérite celui d'une attitude franche qui permette à la nation de se prononcer librement sur la forme du gouvernement qui lui convient?

Telles sont les questions que chacun se pose, en province comme à Paris, et la France attend!

Certes, nous n'avons pas la prétention de résoudre ces questions ni les graves problèmes qui en sont la conséquence. Mais il y a dans le passé de tous les hommes politiques, et dans celui de M. Thiers en particulier, des actes, des paroles, des écrits qui portent avec eux un enseignement dont il faudrait peut-être tenir compte. Nous avons donc pensé qu'il y avait opportunité à rappeler, en quelques pages, des documents, non pas inédits, lus même par beaucoup de personnes, mais certainement ignorés du plus grand nombre. Ces documents sont empruntés aux discours et écrits mêmes de M. Thiers; aux récits des publicistes qui, avec cet homme d'Etat, ont pris une part active aux événements de 1830; aux hommes avec lesquels, soit comme journaliste, soit comme député ou comme ministre, il a lutté pour le triomphe de ses idées; à des adversaires politiques, enfin, hommes de talent et de valeur, dont les jugements ne sauraient être entièrement taxés de partialité. La plupart de ces hommes ont été, plus que d'autres, en position de connaître les idées, les principes, les tendances, l'existence politiques de M. Thiers; l'étude qu'ils en ont faite et les commentaires qu'ils ont publiés offrent donc un intérêt réel. C'est à ce titre que nous les replaçons sous les yeux du public; à lui d'en tirer la conclusion la plus utile pour la solution des questions autour desquelles se débat le sort de notre malheureuse patrie.

— Un jour, pendant que Rabbe était avec quelques amis dans une modeste chambre de l'*hôtel Montesquieu*, un nouveau venu se présenta : c'était un petit homme, la tête suspendue à une paire de lunettes, portant un habit d'une nuance à désespérer la chimie, un pantalon collant très court, remontant aux mollets, et revêtu d'un lustre accusateur. Joignez à cela des bottes de porteur d'eau, et coiffez ce petit bonhomme d'un chapeau fabuleux digne du cabinet d'un antiquaire, vous aurez le fidèle portrait de M. Thiers, alors apprenti littérateur. (*Biographie par un locataire de Sainte-Pélagie.*)

— Un obscur libraire allemand, nommé Schubart, s'attache aux pas de M. Thiers comme un génie bienfaisant, et le met en relations avec le baron Cotta, autre libraire d'outre-Rhin, devenu millionnaire et grand seigneur, lequel s'éprend pour M. Thiers d'un magnifique enthousiasme et lui fait cadeau d'une action du *Constitutionnel*, valeur un peu déchue depuis, mais fort productive alors. Une fois en possession de ce confortable titre de propriétaire du *Constitutionnel*, M. Thiers descend de son quatrième étage, se fait dandy, monte à cheval tant bien que mal, et va au bois. Quant au pauvre Schubart, on dit qu'il s'en retourna à pied, mourir de faim dans son pays. (*Galerie des contemporains illustres, par un homme de rien.*)

— Les débuts de M. Thiers promettent tout ce qu'il a tenu. Il commence en tapageur à la Faculté de droit d'Aix, où il remporte le prix d'éloquence. L'académie de l'arrondissement ayant mis au concours l'éloge de Vauvenargues, M. Thiers l'écrit deux fois, sous deux points de vue différents, et gagne le premier prix et l'accessit. Cette mystification, légèrement et habilement conduite, n'a-t-elle point la valeur d'un présage ? Offrez à ce petit provençal un plus grand théâtre, et vous le verrez donner carrière à son génie pour l'intrigue, se livrer à des roueries dignes de Figaro ou de Scapin. (*Les Hommes et les mœurs en France sous le règne de Louis-Philippe*, par Hip. Castille.)

Juillet 1830. — Dans les bureaux du *National* fut discutée et arrêtée, le 26 juillet, la protestation des journalistes, qui devait *mettre les armes aux mains des citoyens* et déterminer la résistance. Les journalistes nommèrent trois commissaires pour rédiger la protestation qui devait être commune à tous. M. Thiers en fut le rédacteur. (*Lafayette et la Révolution de* 1830. Sarrans jeune.— *Particularités curieuses sur nos hommes d'État.* Armand Marrast.)

Dans la réunion des journalistes, chacun s'engagea *sur l'honneur* à employer tous les moyens à sa disposition pour *provoquer à la résistance et généraliser* l'insurrection. (*Lafayette.* Sarrans.)

Le mercredi 28, au moment même du combat, M. Thiers aurait déclaré à plusieurs personnes qu'il sortait pour veiller à sa sûreté personnelle. (*Louis-Philippe et la Contre-Révolution.* Sarrans jeune.)

On a su, depuis ce temps, que muni de quelques louis, M. Thiers avait été se blottir dans les environs de Montmorency. Le 30, après le combat, il reparut. (*Biographie des représentants à la Constituante*, 1848.)

———

—Le 30 juillet, le peuple était maître de l'hôtel de ville et voulait proclamer la République. Mais le parti d'Orléans redoubla d'efforts. Depuis longtemps, en effet, il était organisé. Ce n'est aujourd'hui un secret pour personne : le *National*, sous MM. Thiers et Mignet, servait d'organe à ce parti. M. de Taleyrand fut son patron le plus chaud. C'est du *National* que partit la première proclamation pour le duc d'Orléans ; c'est au *National* que s'imprimèrent de nombreux placards en sa faveur. Les habiles avaient la main prompte, des moyens puissants..., leur but était marqué, leur homme tout prêt... La couronne de France fut escamotée.

Ce fut M. Laffitte surtout qui fit jouer tous les ressorts. Dès le matin, à six heures, MM. Thiers, Mignet, Larréguy et un quatrième journaliste s'étaient rendus chez lui, et là, *sans avoir pris l'avis des députés*, délibérant et agissant seul, M. Laffitte arrêta qu'il fallait placer le duc d'Orléans sur le trône, après lui avoir demandé des garanties. « Il faut rédiger tout de suite quelque chose là-dessus.» M. Thiers passe alors dans le salon voisin et il écrit rapidement quelques lignes sous forme de proclamation. — Tiens, dit-il ensuite à Mignet, mets-moi cela en français, pour que ce puisse être imprimé sur-le-champ. — M. *Laffite*. Bien, mais il faudrait avoir toute la presse (à M. Larréguy) : Vous voilà, vous, pour le *Journal du commerce*. — *Larréguy*. Oui et je tâcherai bien d'insinuer quelque chose au *Constitutionnel*.

M. Laffitte à M. Mignet. — Il faudrait avoir aussi le *Courrier*. — M. Thiers, interrompant : Je m'en charge. Je m'en vais voir Chatelain. Il est dur un peu, mais je tâcherai de le tourner. Il ne serait même pas mauvais de faire mettre sur une grande quantité de proclamations ces mots : *De l'imprimerie du Gouvernement*. Le peuple croira que la chose est faite. (*Particularités sur nos hommes d'État*. Armand Marrast.)

Lettre adressée à M. Thiers, le 21 *novembre* 1830, par son ancien confrère Cauchois-Lemaire, publiée par le *Cabinet de lecture*, n° 84 de 1830.

A M. Thiers, député, conseiller d'Etat en service ordinaire sous-secrétaire d'Etat au ministère des finances.

Mon cher ami,

C'est un ancien collaborateur qui vient adresser quelques reproches à votre modestie, et vous recommander une cause qui nous fut longtemps commune. Vendredi dernier, il s'est présenté une belle occasion et vous n'avez point osé la saisir pour votre début oratoire. La défiance de soi-même est une rare vertu, mais encore ne faut-il pas la pousser trop loin. Le poste honorable qui est en grande partie la récompense de la brillante carrière que vous avez parcourue comme journaliste, vous imposait, ce me semble, l'obligation de vous résigner à prendre enfin la parole, et à défendre la presse périodique contre les attaques de M. Jars : heureusement des à-propos tels que les siens ne sont pas difficiles à retrouver.

C'eût été un spectacle plein d'intérêt et d'instruction que cette lutte parlementaire entre un homme de la jeune France, député par la grâce de la révolution de juillet, et un élu de l'ancien régime au double vote; entre un de ces écrivains tant soit peu folliculaires, comme on disait alors, enrôlé sous une bannière ennemie de la légitimité, et l'un de ces 221, qui, dans leurs premiers jours d'héroïsme, disaient à Charles X : « La légitimité est « un principe sacré auquel il ne faut point porter « atteinte... Vos fidèles sujets ont entendu de « votre auguste bouche un témoignage flatteur... « Ils le justifient par leur inviolable fidélité... « Votre peuple, Sire, révère en vous le modèle « accompli de toutes les vertus... Les droits sa- « crés de votre couronne sont la plus chère ga- « rantie de ses libertés.. La fidélité que nous vous « avons jurée, nous la garderons toujours (1).... »

Dieu nous préserve, mon cher ami, de méconnaître au milieu de ces formules déjà surannées au bout de huit mois (observation, soit dit en passant, qui nous conduirait à beaucoup d'autres sur toutes les caducités qu'on s'efforce de rajeunir), Dieu nous préserve de méconnaître dans cet idiome de la vieille cour l'avertissement salutaire que donnaient au monarque ses humbles sujets,

_____

(1) Adresse du 18 mars 1830.

1.

MM. les députés des départements ! Mais convenons qu'ils se montrent aujourd'hui bien fiers, je n'ose dire bien ingrats envers la presse, qui tenait un langage autrement net, autrement national, et qui ne parlait pas cependant à couvert sous l'égide de l'inviolabilité. Il doit même vous souvenir qu'il nous fallut singulièrement aider, admonester, j'ajouterai même avec plus d'exactitude que de politesse, violenter un grand nombre de nos courageux représentants, pour en obtenir cette adresse où la chambre suppliait à genoux Charles X de ne pas forfaire à tous ses serments. Ah ! sans cette presse *féodale*, suivant le joli mot de M. Jars, qui aurait dû prévoir de plus justes récriminations contre certains députés, grands partisans des bourgs féodaux dont ils seraient, sous forme d'élection, les petits et perpétuels suzerains ; sans la presse, sentinelle vigilante et fidèle à la consigne électorale, qui guettait les votes et enregistrait les noms, quelle soustraction il aurait fallu faire sur le chiffre des 221 ! Nous en savons quelque chose, mon cher ami; et même encore après le scrutin, si j'ai bonne mémoire, quand la chambre fut dissoute, combien de ses membres les plus influents à l'heure qu'il est, les plus glorieux de leur ovation départementale, combien nous disaient : Vous l'avez voulu ! Nous avons commis une faute. — Combien pleuraient cette faute dont se vante aujourd'hui M. Jars, et dont s'enorgueillit la majorité qu'on n'entraîna pas sans peine au périlleux banquet des *Vendanges de Bourgogne?* J'étais l'un des commissaires de ce banquet, et j'ai gardé note de bien des répugnances. Mais réservons les noms propres pour les mémoires contemporains.

Je regrette vivement que M. Jars, auquel ces anecdotes sont moins présentes, et qui, le sourire sur les lèvres, récitait contre vos anciens amis sa malicieuse improvisation, n'ait pas trouvé en vous un antagoniste prompt à répliquer à ses épigrammes par des raisons et par des faits. M. Jars a beaucoup d'esprit ; mais, sans vanité de confrère, vous avez fait vos preuves dans nos rangs, et les électeurs ne l'ont point oublié. Que notre justification, dans votre bouche, eût été flatteuse pour nous, et puissante auprès de vos nouveaux collègues ! Avec ce talent historique qui vous distingue, vous auriez raconté les quinze années de guerre de la presse libérale, ses conquêtes progressives, ses actes de dévouement, son énergie, son habileté dans les élections, sa tribune soutenant, agrandissant, suppléant à la tribune des députés ; la minorité constitutionnelle de ceux-ci se multipliant par la presse dont ils sollicitaient l'appui ; la majorité servile élevant les journaux, par sa haine et par ses persécutions, au rang des grands pouvoirs de l'État ; puis une autre majorité parlementaire sortant de l'urne électorale moralement affranchie par les efforts opiniâtres et les lumières de la publicité quotidienne. Vous auriez retracé l'événement immense du refus de l'impôt, préparé, organisé par les feuilles de l'opposition ; ces combats de tous les jours entretenant l'ardeur des esprits et leur donnant une impulsion unique et continue ; enfin, la protestation du 26 juillet, qui fut le signal de la dernière bataille et une arme décisive pour la victoire. Elle doit être gravée dans votre souvenir, cette protestation qui fut délibérée par les écrivains libéraux en présence d'un infiniment petit nombre de députés; qui fut signée l'avant-veille de ce mercredi où un si grand nombre des mandataires de la France sous Philippe Ier, n'avaient pas perdu l'espoir de conserver Charles X et son auguste famille.

Avec quelle noble et touchante naïveté, un homme de cœur et de talent comme vous aurait pu déclarer que, lorsque nous eûmes l'honneur d'être choisis l'un et l'autre avec M. Chatelain du *Courrier français* pour rédiger un projet qui reproduisît les sentiments de nos confrères; que, lorsque nous fûmes assez heureux pour obtenir leur approbation et confondre nos signatures citoyennes, nous avions tous la conscience de remplir un devoir solennel, où le désintéressement de la vie et le mépris de la fortune étaient offerts en exemple à ceux qui nous adressent aujourd'hui d'ironiques leçons. Je doute, mon cher ami, que les reproches moqueurs de M. Jars eussent excité beaucoup de bravos dans la Chambre après la simple commémoration de cet enthousiasme calme auquel répondit soudain l'insurrection parisienne, et un peu plus tard, l'attitude parlementaire. Encore une fois, l'excessive retenue qui vous a cloué sur le banc ministériel vous a fait manquer un beau rôle.

Je n'ignore pas tout ce que vous imposent les convenances de votre situation. A côté des titres récents et des services actuels de la presse périodique, à peine vous était-il permis d'esquisser le tableau des hésitations et des faiblesses de la ma-

jorité de nos 221 ; à peine vous eût-il été loisible
d'indiquer les dégoûts qu'il fallait vaincre pour
un grand but d'utilité, et les sacrifices que firent
difficilement au principe de la réélection maints
colléges plus frappés d'une longue carrière législative sans indépendance que d'un seul précédent
honorable. Avec une élégante discrétion sur de
pareils faits, la bienséance vous commandait, j'en
conviens, un silence presque absolu sur les doutes
et les inquiétudes qui allaient croissant à mesure
que la session approchait. Ils voteront le budget,
s'écriait-on de toutes parts, non sans assaisonner
cette exclamation d'épithètes énergiques. Cependant les réélus arrivaient à Paris, et la plupart
répondaient à nos questions en soupirant et en
faisant une exception personnelle : Je crains bien
que nous ne votions le budget ! Pour nous sauver,
ce ne fut pas trop de toute la folle présomption
de Charles X et de l'opiniâtre incapacité de son
gouvernement. La dissolution dispensa la Chambre d'une épreuve qui alors l'effrayait autant que
nos réminiscences lui déplaisent aujourd'hui.

Voilà, mon cher ami, ce que vos réticences in-
génieusement éloquentes auraient fait penser sans
le dire aux détracteurs de la presse, qui les a ré-
chauffés dans son sein et rendus à ces bancs sur
lesquels ils la maudissent ; et après avoir ainsi ré-
veillé dans le for intérieur des sentiments plus
modestes, vous auriez pu solliciter avec avantage
de leur justice ou de leur haute prudence des dis-
positions plus indulgentes ou des paroles moins
aigres ; instruit à l'école de l'histoire, il vous eût
été facile de leur prouver combien nous étions

sages et modérés pour un lendemain de révolution, qui ne nous a valu encore qu'un excellent roi et de meilleurs principes constitutionnels, dont il est bien naturel d'attendre l'application avec quelque impatience. Votre expérience de journaliste eût donné du poids à une assertion dont la plupart des députés paraissent ignorer l'exactitude : c'est que les journaux ne vivent que de la confiance qu'ils inspirent, qu'ils expriment l'opinion et ne la font pas, ainsi que l'a dit M. de Villèle ; c'est que s'ils étaient coupables des torts qu'on leur reproche à la Chambre, ils en seraient punis par un abandon beaucoup plus sensible que la disgrâce de M. Jars. Nous aussi, nous avons quelque droit de nous féliciter des suffrages de nos concitoyens ! Nous aussi, nous sommes encore, après de rudes épreuves, une des sauvegardes de la liberté ! C'est grâce à la presse que le pays aura un jour une loi d'élection digne de lui, et la presse ne demande pas mieux que d'en rendre grâce à la Chambre.

Tel est le fond des idées qui furent, qui sont toujours les vôtres, mon cher ami, et que vous auriez habillées suivant l'étiquette de conseiller en service ordinaire. La nouvelle position qui gênait votre ancienne franchise, vous donnait, en revanche, les avantages de l'homme d'État. En cette qualité, qui ne vous a point pris au dépourvu, quels graves enseignements vous aviez le droit et vous auriez eu l'art d'adresser à l'organe satirique des sentiments de la majorité contre cette pauvre presse, dont l'ambition pour elle se bornait à vivre, dont les prétentions pour le pays se réduisent à des économies dans le budget, à des lois départementales et municipales qui ne soient pas trop aristocratiques, à l'organisation des gardes nationales, à une attitude diplomatique digne d'une grande nation, et soutenue par la population armée, ou plutôt à un système électoral d'où sortiront naturellement de libres et fortes institutions. Ce système, effroi de certaines gens, qu'a-t-il donc qui justifie tant d'alarmes? Quoi! lorsque la sureté intérieure est confiée à deux millions de citoyens; lorsque les journaux comptent deux millions de lecteurs, on hésite à remettre, tous les cinq ans, l'exercice du droit électoral à une élite intelligente, industrielle, propriétaire, à une élite d'environ trois cent mille Français! Voilà le monstre épouvantable, devant lequel reculerait une Chambre qui naguère décrétait la souveraineté du peuple!

Mais je me laisse entraîner, mon cher ami, et journaliste, j'oublie que le sous-secrétaire d'État doit être moins vif et plus insinuant. Votre habileté aurait donc fait merveille en touchant avec délicatesse cette plaie si vive qui saigne au moindre mot, et qu'il a plu de déguiser sous le nom de dignité parlementaire. Certes, des piques continuelles, des murmures, de petites phrases acerbes, la polémique de la tribune aux harangues invectivant la tribune des journalistes, des réquisitoires de parquet appelant sans cesse à la barre législative la presse et ceux qui la défendent, certes toutes ces petites scènes peuvent être fort dramatiques dans nos feuilles, et même fort amusantes; mais elles sont peu propres a maintenir cette considération dont M. Jars a beaucoup parlé, mais dont il ne m'a pas paru avoir le véritable sentiment. Ce que j'exprime ici avec ma rudesse accoutumée, vous l'auriez enveloppé sous des formes adroites, gracieuses, et la Chambre, satisfaite des précautions du langage, aurait compris votre pensée, et vous recevriez tout à la fois ses éloges et le tribut de la reconniassance de vos anciens collaborateurs.

En votre qualité d'homme d'État, une mission vous était dévolue encore, mission épineuse sans doute, mais que l'urbanité de vos manières vous eût rendue plus facile qu'à bien d'autres. La Chambre elle-même vous en aurait su gré comme d'un grand service, bien qu'il soit ici question d'elle-même en un point qui éveille toute sa susceptibilité. Mais enfin, orateur plein d'atticisme en même temps que bon collègue et profond politique, vous auriez fait entendre aux honorables membres de la Chambre convoquée et dissoute par Charles X, qu'il y aurait de la prévoyance, de la sagesse, en même temps que du bon goût, à remuer moins souvent ce qui tient à ses droits et à ses prérogatives. Son origine légale disparaît aux yeux du patriotisme éclairé, sincère, devant la grande loi du salut public; mais qu'elle évite d'engager la lutte sur le terrain de la nécessité de son existence et des limites de cette nécessité, qu'elle fasse preuve de nationalité, d'intelligence, de désintéressement personnel, et le fait des lois libérales qu'elle aura votées nous tiendra lieu du droit. Exprimé en meilleurs termes, n'est-ce pas là, mon cher ami, un avis prudent, et digne d'avoir pour organe un conseiller d'État ?

Pour moi, qui, en n'acceptant rien, me suis placé avec tant d'autres dans la catégorie que M. Jars daigne épargner un peu, je me suis, du moins, réservé le droit d'émettre mon opinion sur ceux qui nous gouvernent, comme administrateurs ou comme législateurs. Or, je l'avouerai, mon faible jugement ne me suggère que de tristes réflexions. La direction qu'il appartenait au ministère de donner, il la reçoit mauvaise des rancunes ou des peurs de la Chambre. La force morale, si utile en tout temps, si nécessaire aux époques de crise, à la veille d'un procès gros de passions monarchiques et populaires, à la veille de la guerre peut-être, la force morale échappe aux hommes et aux corps politiques. Je cède à une sorte de découragement lorsque je vois quelques-uns de ceux dont l'avènement au pouvoir semblait, il y a peu de mois encore, le rêve de quelque faiseur d'utopies ; lorsque je vois les représentants d'une opinion politique à laquelle j'ai cru quinze ans, et que je vénérais comme les apôtres d'une religion, s'abdiquer, s'annuler, se contredire parfois eux-mêmes à la première épreuve, et briser, au début de leurs actes, le long prestige de leurs paroles. Nous sommes-nous donc bercés de vaines chimères durant toute la Restauration ? N'avons-nous réclamé, sous le nom de droits, de garanties, de bienfaits du régime constitutionnel, que des illusions qui s'évanouissent dès qu'elles heurtent la réalité ?

Pardonnez-moi ces épanchements, mon ami, vous qui savez que toute mon ambition était,

après tant d'années de persécutions et d'infortu-
nes, de voir enfin ma patrie libre et heureuse. Ou
plutôt, à même de connaître et fait pour com-
prendre, expliquez-moi le phénomène de notre
situation. Ne pensez-vous pas, comme moi, que
les députés devaient leur concours à la révolution
qui leur a rouvert la porte législative, fermée par
la Restauration? Ne pensez-vous pas que l'unité de
vues et de système était la base sur laquelle devait s'élever le ministère? Ne vous semble-t-il pas
que par là seulement il acquérait cette puissance
qui aurait entraîné vers un même but et la Chambre et les opinions divergentes des amis de la liberté?

Un petit nombre de principes proclamés dès
l'abord, appliqués dans l'occasion, posés d'une
manière précise, n'auraient-ils pas calmé les inquiétudes, éclairé les doutes et imprimé cet élan
moral et politique qui manque aux pouvoirs de
l'État depuis la révolution de juillet, et sans lequel il règne une incertitude voisine de l'anar-
chie, dissimulée par un repos apparent, et toujours menaçante? Dites-moi si je me trompe, mon
ami, et pourquoi l'administration dont vous faites partie et la Chambre à laquelle vous apparte-
nez, offrent un spectacle si fâcheux. En présence
d'un ministère indécis et muet, une majorité se
personnifiant dans M. Vatimesnil, dans lequel se
personnifie la geôle monarchique, et s'acharnant
à *excuser* M. Comte, le plus probe, le plus courageux citoyen, le jour même où elle accuse avec
colère les écrivains périodiques qui furent,
qui sont encore les amis de M. Comte; quelle

scène, après le 30 juillet, et que signifie-t-elle?

Il n'en faudrait pas beaucoup de semblables pour rendre aux esprits leur agitation, aux plaintes leur amertume, et pour ranimer l'énergie des regrets qui se firent entendre, il y a quelques mois, alors qu'on eut le tort irréparable, peut-être, de ne pas compléter par une secousse de quelques semaines l'œuvre essentielle de notre régénération; alors qu'une ambition étroite commit le crime de jeter entre Paris et les départements des semences de divisions.

Un autre mal, plus grave que tous les autres, résulte de ces désappointements qu'éprouvent les âmes généreuses lorsque les défenseurs de la liberté semblent démentir leurs doctrines. Celles-ci se décolorent et ne passent plus que pour un jeu de langage dont le sens sérieux se borne au gain de la partie. Personne n'aime le métier de dupe et le renom de niais; et le rire amer de la loyauté déçue fait bientôt place à une démoralisation qui aspire à se dédommager à son tour et à faire preuve d'habileté.

Voilà, mon cher ami, des réflexions bien désolantes et bien austères! Montez donc à la tribune, je vous en prie, pour m'en inspirer de plus douces, et ranimez les espérances de vos amis en professant, comme membre de l'administration, les libérales maximes que vous saviez si bien développer comme rédacteur de journal. Que Thiers et ses émules consolent la jeune France des tristes facéties de M. Jars! Qu'ils mettent en action leurs principes écrits, et gare au ridicule pour toutes les feuilles qui essayeraient de ridiculiser de pareils députés ! Je réponds, pour ma part, de la considération d'une Chambre qui organisera par les lois ce qu'elle nomme elle-même notre régénération politique. Un bon vote constitutionnel vaut mieux que vingt discours comme celui de M. Jars, tous les applaudissements du centre qui applaudissait M. Martignac et même parfois M. Villèle, et trente réquisitoires de Persil, sans excepter celui qui vient d'atteindre M. Bert et soumettre au jury des questions très-délicates sur le pouvoirs de la Chambre. N'est-il pas vrai? Adieu, mon ami. Dites donc un mot à votre collègue le chef du parquet, en faveur de notre confrère du *Journal du commerce*. Vous savez qu'il a bien mérité du pays par son caractère et par ses écrits pleins de raison et de patriotisme. Je parle de M. Bert.

Votre dévoué,   Cauchois-Lemaire.

P. S. J'ai lu avec plaisir dans le *Moniteur*, mon cher ami, que le roi vous avait accordé une audience qui a duré deux heures. Entre un conseiller qui, dans peu de mots, renferme beaucoup de sens, et un prince dont le cœur et l'esprit comprennent si vite, deux heures peuvent être fécondes en idées bienfaisantes pour le pays. Je n'ai point l'ambitieuse curiosité de pénétrer dans les secrets d'État, mais je devine que l'entretien aura roulé sur deux objets principaux. Ce qui occupe la France aura naturellement occupé notre bon roi et son jeune ministre; quoique non titulaire, vous me permettrez cette petite flatterie qui n'a rien de mensonger au fond, car si vous ne tenez pas le portefeuille, vous prenez une grande part à

ce qu'il renferme. Excellence donc sous une dé-
nomination plus modeste, je gage, mon cher ami,
que vous êtes venu, la serpe en main, émonder les
rameaux de cet arbre à fruits d'or qui allait chaque
année ombrageant le jardin monarchique et pro-
diguant ses sucs délicieux à tant de valets de cour,
mais dont les racines desséchaient le sol national
et absorbaient la substance du peuple. En un mot,
votre spécialité financière vous donnait un droit
dont vous aurez usé avec empressement, et à la
vive satisfaction du citoyen économe qui honore
la couronne. Je m'attends que votre conversation
nous sera révélée incessamment par un bon expo-
sé des motifs en tête de quelque projet de loi sur
les dépenses inutiles.

De quoi avez-vous parlé ensuite? De la presse?
Non, à moins que ce ne soit pour vous récréer
après un travail sérieux, et pour rire de la décon-
venue de M. le procureur général en présence
d'un insolent accusé, que le ministère public devait foudroyer en apostrophant sa fidélité de tous
les crimes, de toutes les turpitudes de cette dynastie parjure à laquelle s'identifient une foi absurde et un culte idolâtre. Si vous cherchiez un
texte gai, vous avez dû regretter, depuis, que
M. Madier de Monjeau n'eût point encore crié son
placard en pleine Chambre. Ce magistrat prend-
il donc un malin plaisir à désenchanter ceux qui
se rappellent ses vertueuses philippiques de 1820?

Peut-être avez-vous agité la question de la
guerre. Elle touche de près le crédit; mais dé-
fiez-vous de l'esprit étroit et peu français de la
bourse. Il ne calcule qu'à la petite semaine; la

grande, je l'espère, ira mieux au génie du maréchal Soult. Il dédaignera les baisses de la poltronnerie pour jouer à la hausse durable de l'énergie nationale.

J'y suis maintenant. Vous avez jasé de loi électorale. C'était un admirable sujet à traiter familièrement avec l'élu du peuple. Un peu de réciprocité est de toute justice. Aux masses il faut un soulagement matériel ; vous avez coulé à fond cet article en causant du budget. Aux classes plus éclairées, il revient une part de droits intellectuels. Établir, d'après une statistique équitable et rassurante, l'exercice de ces droits appliqués à l'électorat et à l'éligibilité, tel est le problème que vous aurez sans doute résolu de manière à grouper au Corps législatif beaucoup de membres jeunes, vigoureux, patriotes, intruits, sages, comprenant bien, représentant bien la France actuelle, recrues dignes de l'ancienne phalange qui combat depuis quinze ans ; des députés comme vous enfin, s'il est possible, ou même comme MM. Odilon-Barrot, Barthe et quelques autres... Mais pour cela, vous le savez, il faut s'en fier au discernement des électeurs plus qu'à l'aveugle fortune qui fait les éligibles depuis la Restauration. Tout le monde n'a pas le bonheur que vous avez eu de croître en âge, en talent, en vertu civique, en richesse imposable avec une opportunité qui vous a rendu soudain l'un des favoris de l'électorat provisoire. La simple confiance des commettants est aussi, croyez-moi, une garantie suffisante pour le mandataire, et si d'augustes confidences vous rapportez à la tribune ce résultat noble et politique, vous environnerez votre nom d'un éclat bien doux, et il remontera au trône populaire de vifs témoignages de reconnaissance bien propres à l'affermir.

———

— De l'audace, toujours de l'audace, voilà l'unique maxime de M. Thiers. C'est à l'audace qu'il demande toutes les inspirations de sa conduite et de son talent ; de là l'assurance, et l'on pourrait dire, l'effronterie de sa contenance parlementaire, de là le paradoxe perpétuel de son éloquence.

C'est par audace qu'il s'est fait l'avocat général du système du 13 mars, et qu'il a défendu toutes ses platitudes diplomatiques et ses prodigalités financières.

C'est par audace, qu'au mépris de la douleur et de l'indignation de la France entière, il a soutenu qu'une Pologne libre et indépendante était une chimère, et que le ministère avait bien mérité du pays en l'abandonnant (10 août, 26, 21 septembre 1831, 6 mars 1832) ; c'est par audace qu'il a applaudi à la Belgique livrée à l'Angleterre, pour prime d'une alliance impossible (6 mars 1832).

C'est par audace et pour se jouer de la conviction nationale, qu'il a affirmé que nous avions cinq cent mille hommes à mettre en ligne, et que l'Europe pouvait à peine nous en opposer la moitié (25 octobre 1831).

C'est par audace qu'il a défendu les carlistes et loué leurs services (10 août, 23 septembre 1831) ; qu'il s'est fait l'apologiste des chouans, des émigrés, des verdets (2 février 1832), et qu'il a fait conserver leurs pensions.

C'est par audace qu'il n'a proposé sur le budget de 1832 dont il était rapporteur, qu'une économie de 10 millions (30 décembre 1831).

C'est par audace, qu'il a vingt fois, à la tribune, insulté ses collègues de l'opposition (22 septembre 1831, 18, 23 janvier, 9 mars 1832), et qu'il fatigue impitoyablement la Chambre, durant quatre heures de suite, par son *caquetage* et son éloquence à l'heure, comme on l'a dit.

C'est par audace qu'il a loué le *coup de collier* de la rue Saint-Denis en 1827 (23 septembre 1831).

C'est par audace que le 3 février 1832, il a scandaleusement engagé les centres de la Chambre, ce jour-là en minorité, de déserter la salle pour empêcher l'opposition de délibérer sur la révision des pensions.

C'est par audace et par mépris de l'opinion publique que, dans ses discours, il a fait l'usage le plus déréglé du paradoxe, affirmant que s'il défendait le pouvoir, c'est qu'il aimait à soutenir le plus faible contre le plus fort (11 août 1832) ; que l'Europe faisait à la France de juillet d'immenses concessions (20 septembre 1831, 6 mars 1832) ; que l'opposition en demandant la guerre craignait l'étranger (23 septembre 1831) ; qu'il venait défendre la révolution de juillet en défendant les carlistes (10 août, 23 septembre 1831, 2 février 1832) ; que le gouvernement avait raison de persécuter les patriotes ; qu'il fallait affaiblir l'aristocratie en la fondant par l'hérédité de la pairie (4 octobre 1831) ; que l'opposition voulait constituer l'aristocratie (9 mars 1831) ; en affirmant que notre comptabilité était admirable, précisément au moment où le déficit Kessoui frappait le pays comme une foudroyante révélation (11 janvier 1832), etc.

C'est par audace, plus encore que par maladresse, que M. Thiers a avoué à la face de la France que le système de la paix à tout prix était adopté, parce que la guerre renverserait la dynastie du 7 août (20, 21 septembre 1831).

En résumé, le talent si prôné de M. Thiers se réduit à une audace de paroles et de paradoxes vraiment incroyable : la nature ne l'a pas doué d'un organe d'orateur, mais il ne tient pas plus compte de la nature que de ses collègues ; il parlera en dépit de son organe, comme en dépit de la Chambre, tant qu'il lui plaira, au risque de briser l'un et d'assommer l'autre. M. Thiers est, avant tout et pour toujours, homme du pouvoir. Il est de l'école de ces gens qui prétendent faire de la politique en artistes, auxquels il faut toujours des affaires à manier pour exercer leurs facultés, qui gravitent sans cesse autour d'un gouvernement, quel qu'il soit, dont M. de Talleyrand est un type, s'accommodant de tous les régimes, de toutes les révolutions, pourvu qu'ils y soient quelque chose, sans conviction politique, servant la messe au champ de la Fédération, jetant le froc aux orties, ambassadeur du Directoire, du Consulat, de l'Empire, de la Restauration, de la quasi-légitimité, etc. Pour sa part, M. Thiers a déjà servi sous trois ministères, dont un au moins était antipathique aux deux autres, et est sans doute appelé à fournir une très-brillante carrière, à moins que le gouvernement ne se trouve bientôt replacé dans des voies de franchise, d'économie et de probité.

M. Thiers est, pour le moment, et en attendant mieux, l'homme du ministère du 13 mars. Il a déjà la gloire de dire à la tribune : *nous*, en parlant du gouvernement. Le paradoxe de M. Thiers est jusqu'à nouvel ordre celui-ci :

« Le gouvernement (dont je fais partie) et la « majorité (dont je fais partie) ont l'intelligence « parfaite des intérêts de l'Europe » (6 mars 1832).

On ne peut pas dire de M. Thiers qu'il soit un déserteur, car les hommes comme lui n'ont pas de camp ; il a jadis combattu avec les patriotes, tout aussi indifférent à leur cause qu'il l'est à celle qu'il soutient aujourd'hui contre eux.

A son passage à Aix, M. Thiers fut reçu par un charivari (23 avril 1832). A la discordante musique se mêlaient les plus sanglants et les plus justes reproches : « A bas l'apostat ! A bas le traître ! le traître à son pays, à la France, le traître à la Pologne, le traître à l'Italie ! » Les cris et la symphonie ne cessèrent que par l'intervention de la force armée, que, par prudence, on avait réunie quelques heures avant. Le lendemain la sérénade recommença, et plusieurs jours de suite M. Thiers reçut les bruyantes salutations de ses compatriotes. Enfin il s'échappa pour se rendre à Marseille, le même accueil l'y attendait, et les symphonies reprirent de plus belle. M. Thiers ne pouvait paraître sur les places publiques, dans les rues, qu'avec l'escorte fort commode de deux ou trois cents soldats. Le charivari put le saluer à Brignolles, comme il allait franchir la frontière. Il quitta Marseille, mais il n'osa point aller s'embarquer à Toulon, où le charivari fatal le poursuivait. Il dut se soustraire aux honneurs qui l'attendaient, et s'embarquer incognito pour sa mission diplomatique. (*Compte rendu de la session de 1831. — Chez Paulin, éditeur, 1832.*)

———

Politiquement, M. Thiers n'a pas de système. C'est une girouette bien graissée qui tourne à tout vent de succès. Cette mobilité, dont le but, il faut bien le remarquer, ne change pas, ne ressemble guère à l'éclectisme, considérons-la plutôt comme un genre de fatalisme inconnu des Orientaux. Historien, M. Thiers ne peut s'empêcher de s'incliner devant le succès. Journaliste ou député, le succès l'entraîne encore. On se souvient de quelle façon il a rompu avec son parti pour soutenir le cabinet du 13 mars et la politique de Casimir Périer. (*Les Hommes et les mœurs, etc. Hip. Castille.*)

———

S'il arrive que dans une monarchie, un homme né de peu, mais avec des talents, ait reçu une éducation plus lettrée que morale, et que, porté sur les bras de la fortune, il ait gravi au sommet du pouvoir, son élévation lui tournera la tête. Comme il se trouve isolé sur les hauteurs où il est parvenu, et qu'il ne sait où s'appuyer, n'ayant ni considération propre ni entourage, n'étant plus et ne voulant plus être peuple, et ne pouvant être, quoi qu'il veuille et quoi qu'il fasse, noble et grand seigneur, il se mettra après les chausses de son roi, il les lui pressera, il les lui lèchera, et il ne saura par quelles contorsions de servitude, par quelles caresses de supplications, par quelles simulations de dévouement, par quelles génuflexions, par quels baise-pieds lui témoigner l'humilité et le terre-à-terre de son adoration.

Les personnages de cette espèce sont comme les prédestinés de la géhenne qui ont fait un pacte avec le diable. Ils sont marqués de son ongle, et s'ils veulent détourner la tête, rompre un anneau de leur chaîne, faire un pas, le maître infernal à qui leur corps s'est livré, à qui leur âme s'est vendue, leur crie : Tu es à moi !

M. Thiers parle continuellement de son honnêteté : nous demanderons ce que cela veut dire ; de sa franchise : nous demanderons ce que cela veut dire ; de son mépris des grandeurs : nous demanderons ce que cela veut dire ; de son amour pour la révolution de juillet : nous demanderons encore ce que cela veut dire.

Il est sans figure, sans taille et sans grâce ; il ressemble à ces petits perruquiers du midi qui vont de porte en porte, offrir leur savonnette. Il a dans son babil quelque chose du gamin. Sa voix nasillarde déchire l'oreille. Le marbre de la tribune lui va à l'épaule et le dérobe presque à son auditoire. Disgrâces physiques, défiance de ses ennemis et de ses amis, il a tout contre lui.

Sa polémique n'est pas très-acerbe, parce qu'il est sans foi politique. Il se moque de toutes les théories, et il n'y a guère pour lui de bien et de mal, de vrai et de faux. Il aime la possession du pouvoir, non pas pour ce que ce pouvoir est en lui-même, mais pour le bien qu'il procure. M. Guizot en a l'orgueil, et M. Thiers le sensualisme.

M Thiers est fait pour manipuler les fonds secrets et traiter avec les entrepreneurs de marchés et les agents de police. C'est là son métier, qu'il le fasse.

N'avez-vous jamais entendu parler de ces serviteurs incommodes, brouillons, avides, qui, par journée, commettent cent sottises, mais qui ont les secrets de la maison? On ne voudrait pas les garder, et l'on ne peut pas les renvoyer.

Ne demandez pas à M. Thiers des convictions, il doute ; des preuves de virilité, son tempérament s'y refuse.

Vous ne voulez pas qu'il raille, mais si tout lui paraît plaisant ! Vous ne voulez pas qu'il se moque de vous, mais il se moque bien de lui-même !

Confiez-lui, si vous voulez, la marine, la guerre, l'intérieur, la justice, la diplomatie ; mais ne mettez pas à sa disposition des millions et surtout des centaines de millions, car ils passeraient comme l'eau dans le crible de ses doigts. Vous ne diriez pas, à voir ce petit homme, qu'il a l'estomac plus vaste qu'un autre. Comme Gargantua, en une bouchée il avalerait le plus gros budget... (*Livre des Orateurs.* CORMENIN.)

En France, la malignité publique n'a pas de bornes. Il n'y a plus de héros possibles dans ce pays. On se raille de tout le monde. A la vérité, les enfants n'ont fait que suivre l'exemple de leurs pères. M. Casimir Périer insultait son maître. M. Thiers disait en pleine tribune des phrases comme celle-ci :

2.

« Louis-Philippe était dans son droit et j'étais dans le mien! » — « Tout dissentiment a cessé entre la couronne et moi. » Et sous le manteau il se moquait de son roi, qu'il nommait le *papa d'Oliban*. Pourquoi n'insulterait-on pas Casimir Périer? s'il vivait encore? Pourquoi ne se moquerait-on pas de M. Thiers, puisqu'il n'est pas mort? (*Hommes et choses sous L. P.*)

Tous ces gens là voulaient un roi pour leur usage particulier, un Louis XIII, un roi mineur ou un roi anglais. N'ayant ni l'étoffe d'un Cromwell, d'un Robespierre ou d'un Napoléon, ils se seraient contentés de la destinée de M. de Metternich. Mais ils ne le valaient même pas. Il leur fallait un monarque imbécile et un portefeuille à vie. Tandis que la foule des béotiens s'évertuait à chercher la *pensée* de ces grands personnages, soit dans la fondation du gouvernement parlementaire, soit dans la restauration du gouvernement personnel, malgré le système représentatif, nos ministres pensaient uniquement à leurs petites ambitions et à leurs petites affaires. Comme journalistes ou comme orateurs, ils eurent des idées; c'est assez commun en ce siècle. Mais je défie qu'on leur trouve une autre pensée que celle dont je viens de parler. Il est temps qu'enfin l'histoire se fasse réaliste et cesse de nous offrir des héros de théâtre et des dieux de comédie. L'existence d'un ministre se rattachant par la politique à une foule de fils qui font mouvoir des millions d'existences, il en résulte naturellement qu'on prête beaucoup d'importance aux actes, aux paroles, en un mot, à la conduite de cet homme, qu'on lui suppose une âme supérieure, un esprit détaché de tout intérêt personnel, ou du moins s'élevant le plus souvent au-dessus de ces mesquines considérations. Il n'en est rien. Un ministre, comme un simple maçon, n'agit qu'en vue de son propre intérêt selon les conditions de son caractère. Il y a un raisonnement très-clair à se faire. S'il est ministre, c'est qu'il a désiré l'être; nul doute qu'il ne fasse pour y rester tout ce qui dépendra de lui. On se dégoûte de tout, excepté du pouvoir; car la puissance a dit Locke, c'est la liberté... (*Hommes et choses sous L. P.*).

Parmi les instruments de destruction dont Louis-Philippe s'était servi pour faire tomber jusqu'à lui le trône où il voulait s'asseoir, aucun n'avait montré une intelligence plus vive des moyens à employer dans ce but, un esprit plus hardi et plus simple à la fois que M. Thiers. Formé à l'école de Talleyrand et de Laffitte, il avait dérobé à l'un sa rouerie diplomatique, à l'autre *cet art de grouper les chiffres* qui est la science des financiers modernes. Il avait incarné le génie de la révolution, en écrivant son histoire. Il avait étudié les ressorts cachés à l'aide desquels on remue les masses sans se mettre en contact immédiat avec elles. Habile à produire les prestiges et les diversions, et à donner le change à l'opinion pour réaliser les escamotages du pouvoir, il soulevait, il exaltait

la révolution dans la région des causes, espérant
la gouverner dans la région des faits...

Orateur brillant, chef du cabinet, jamais il n'a
pu élever sa personnalité à la hauteur des positions qu'il a occupées, où se faire accepter comme
un homme d'État, même quand le gouvernail de
l'État était dans ses mains. C'est que l'habileté humaine, lorsqu'elle s'exerce hors de la morale,
n'est que la ruse et l'astuce. Il y a une chose que
les intrigants ne peuvent usurper, c'est la gravité.
(*La révolution, c'est l'orléanisme*, par H. de Lour-
doueix.)

Privé des enseignements de la famille, chargé
du mince bagage du collége, entré dans le monde
par la chambre d'étudiant, et dans la politique
par le cabinet de lecture, M. Thiers, à l'âge où
l'intelligence a besoin de guide et l'âme de sau-
vegarde, n'avait trouvé, ni en lui ni autour de
lui, ce qui mûrit la raison et ce qui élève le caractère ; et il était forcé de faire sa carrière sans
avoir eu les moyens ou le temps de faire son esprit.

...Aussi ardent, et encore plus infatigable à la
poursuite du pouvoir, M. Thiers semble toujours
ou s'être épuisé à l'atteindre, ou en avoir perdu
le goût par la possession. Il passait les années à le
désirer, les mois à le conserver. Arrivé deux fois
au rôle de ministre dirigeant, en 1836 et en 1840,
il le garda six mois la première fois, sept mois la
seconde. Cette véhémence dans la recherche du
pouvoir, jointe à cette impuissance dans son

exercice, montre bien que M. Thiers avait pris, pour y arriver, les voies qui en rendent l'usage stérile ou impossible.

Comme un écolier choisit le nom le plus célèbre pour sa première tragédie, M. Thiers choisit, pour son premier livre d'histoire, le sujet le plus grand, mais le plus difficile, la Révolution française. Le savoir lui manquait pour se préserver des erreurs, la maturité pour se préserver des sophismes; il n'y avait d'ailleurs, à cette époque, ni des documents réunis pour faire une bonne histoire de la Révolution française, ni des esprits préparés pour la recevoir. Allié aux partis qui marchaient, par toutes les voies, à la conquête du pouvoir, il en porta dans ses travaux les passions et les principes. Son but n'était pas, en écrivant le récit de nos tourmentes civiles, de démêler les égarements des progrès, et de faire au passé la justice que lui doit l'avenir. Il cherchait dans les anciennes luttes des armes pour les nouvelles. Son esprit se complaît dans l'apologie de tous les ambitieux en révolte contre la société; et une œuvre de longue haleine, dans laquelle s'était égarée une intelligence active, fertile et puissante, devient un arsenal pour les factions et un drapeau pour les émeutes.

... Voué au culte exclusif et intolérant de son influence personnelle, M. Thiers fit dix ans une guerre insensée à la royauté, dont il voulait usurper le pouvoir, ou, ce qui revenait au même, dont il voulait soumettre la prérogative à cette opinion vaine et factice, fouettée soir et matin par la verge de ses journaux. S'il avait possédé enfin cette autorité si follement poursuivie, qu'en aurait-t-il fait ? Nul ne saurait le dire, car ses idées défiaient toute définition.

La carrière politique de M. Thiers est caractérisée par ce fait, qu'il a pu être naturellement et qu'il a été le ministre de tout le monde, le ministre des conservateurs et de l'opposition. Il a fait l'œuvre extrême des conservateurs, les lois de septembre ; et il a voulu l'œuvre extrême de l'opposition, la réforme. Il a accordé au roi les choses les plus délicates, la régence de M. le duc de Nemours et les fortifications de Paris, et il a machiné contre le roi les choses les plus violentes, la coalition et les banquets. Il a été successivement pour et contre la réforme parlementaire ; il a parlé successivement pour et contre la puissance maritime de la France. On ne trouve ni dans ses discours ni dans ses livres aucune doctrine générale ; on trouve dans sa conduite une foule de systèmes contradictoires. Il semble personnifier la fantaisie de la domination et le sensualisme du pouvoir. C'est le Danton d'un régime pacifique. Il a l'habileté des petites choses ; il manque du sentiment des grandes...

...A trois années de distance, il a été emporté par deux révolutions, sans les soupçonner, même la veille...

A la tribune, M. Thiers était surtout abondant, disert et conteur. Le journalisme batailleur de son temps lui avait laissé l'habitude et le goût de la polémique. Il parlait longuement, facilement, se tenant à la surface des choses, se plaisant et s'égarant dans les détails. Il avait des mots vifs et heureux, qu'il développait comme des idées. Il persuadait rarement, n'entraînait jamais, mais il plaisait toujours. Il ne s'élevait guère, soit pour la pensée, soit pour le style, au-dessus de la région de ses auditeurs. C'était l'orateur des intelligences et des classes bourgeoises. Ses discours étrangers aux grands principes de la religion, de la morale et de l'histoire, ne s'adressaient qu'aux hommes et aux passions du jour. Ils ont occupé dans la politique plus de place qu'ils n'en auront dans les lettres, car il faut les feuilleter longtemps pour y trouver une idée à méditer ou une page à lire. *(Histoire de la chute de Louis Philippe.* Granier de Cassagnac.)

M. Thiers, il faut le reconnaître, est peut-être de tous les hommes politiques de la monarchie de juillet celui qui eut le plus d'idées. Rusé journaliste autant qu'habile orateur, il se montre fécond en thèmes d'opposition, il donne de la vie à un journal. « Vous êtes un homme d'État embarrassant, lui dis-je un jour. — Et je ne suis jamais embarrassé, » me répondit-il. La révolution de février a donné un triste démenti à cette présomptueuse confiance de M. Thiers en soi-même. *(Mémoires d'un bourgeois de Paris.— D. L. Véron.)*

On *joue* d'un journal comme on joue d'un instrument, le ton et la gamme que prennent les journaux dans les luttes politiques donnent des résultats précis, aussi certains que les combinaisons d'orchestre dans une partition. Seulement, la musique charme, émeut les cœurs sans aucun danger ; la politique, au contraire, peut égarer les esprits jusqu'à pousser les sociétés à de déplorables désordres, à de cruelles violences.

M. Thiers n'aimait pas à *jouer* d'un seul journal, il lui fallait tout un orchestre. Il s'assurait le concours et les éloges du *Courrier français*, en flattant, comme il le disait, l'orgueil et la vanité de M. Léon Faucher. « Je suis sûr de son dévouement, ajoutait-il, madame Thiers et ma belle-mère reçoivent madame Léon Faucher. » Il pouvait compter sur le *Constitutionnel*. Il disait sans doute : « Si Étienne me fait faux bond, M. Véron que je veux bien recevoir le matin pendant que je fais ma barbe, me restera dévoué ! » Par Marrast, il avait un pied dans le *National*.

Si M. Thiers rencontrait des ennemis politiques dans le *Journal des Débats*, pour des éloges personnels, il y trouvait par les académies, par M. Bertin de Vaux, plus d'un écrivain obligeant et dévoué.

Ce n'était point assez : à peine eus-je acquis les deux actions du *Constitutionnel*, que M. Thiers voulut encore se donner le luxe d'un journal du soir. « Un journal du soir, disait-il est nécessaire pour donner le ton aux journaux du lendemain matin. » Voici comment la chose se passa :

Le *Messager des Chambres*, qui avait appartenu à M. Aguado, acheté de lui par l'imprimeur M. Boulé, fut vendu aux enchères. Ce bon et estimable M. Ganneron, député de la Seine, et sur qui M. Thiers exerçait le plus grand empire, en lui faisant voir en perspective, comme dans le lointain d'une lanterne magique, la préfecture de la Seine, devait fournir les fonds pour l'achat du *Messager*, mais le feu des enchères devint si vif, que la combinaison Ganneron échoua. Le *Messager des Chambres* eut pour acquéreur M. le comte Walewski...

Dans les mains de M. de Walewski le *Messager* fut un nouvel appui dévoué à M. Thiers..... Celui-ci n'en persista pas moins dans son projet de faire créer pour lui un journal du soir. MM. Léon Pillet et de Grimaldi en fournirent les fonds ; ce journal s'appela le *Nouvelliste*. Selon le langage de M. Thiers, ce petit journal devait donner le ton à la polémique, c'est-à-dire rembarrer les journaux amis dont le dévouement n'était pas trouvé assez vif. M. Thiers, qui tenait tous les fils de cette comédie à plusieurs personnages, devant le *Constitutionnel*, devant le *Courrier français*, devant le *Messager des Chambres*, blâmait hautement les excès de zèle du *Nouvelliste*. « Que voulez-vous que j'y fasse, répondait-il, les écrivains politiques me font des journaux pour moi sans que je le leur demande. S'ils tiennent tant à se mettre dans mon jeu, c'est qu'ils trouvent mes cartes bonnes. » (*Mémoires d'un bourgeois de Paris. — D. L. Véron.*)

Nul n'a fait autant de tripotage avec la presse que M. Thiers. On put un moment compter jusqu'à neuf journaux sous ses ordres. Rien ne lui était donc plus facile dans un pays où une mouche suffit pour éveiller l'imagination du public, que de mettre le vent de l'opinion à la guerre.

M. Thiers put donc à son aise se livrer aux victoires et conquêtes picrocholines. Mais en songeant aux énormes bénéfices de bourse que cette manœuvre procura à ses amis, j'avoue que je ne suis plus aussi sûr de son caractère. Est-ce que ce grand amour de la guerre ne serait qu'une question de hausse ou de baisse? (*Hommes et mœurs sous Louis-Philippe. — H. Castille.*)

———

M. Thiers ne lit rien de ce qui se publie, il se contente d'apprendre au jour le jour ce qu'il a besoin de savoir. Ce qui s'imprime contre lui, on le lui cache ; on ne laisse respirer à ses nerfs irritables et délicats que le parfum de l'éloge et de la flatterie. C'est un enfant gâté dont on tolère, dont on cherche à calmer les mauvaises humeurs, mais qui, dans ses accès de colère, ne casse jamais de porcelaine et ne bat pas les gens. J'ai toujours fait semblant de ne pas m'apercevoir des malices, des procédés dédaigneux, et quelquefois désobligeants que M. Thiers se permettait envers moi comme envers tout le monde. Qui n'a point eu à se plaindre de M. Thiers? (*Mémoires d'un bourgeois de Paris. — Véron.*)

———

Le cabinet du 1ᵉʳ mars (1840) venait au monde en pleine session : les séances furent de fait suspendues pendant vingt-quatre jours, et durant ce temps-là, le président du conseil tint dans son cabinet une session à huis clos. Il convoqua un à un par lettres closes, amicales et caressantes, les députés des différents groupes, les conservateurs, le centre, la droite, le centre gauche et la gauche. Pendant ces vingt-quatre mortelles journées, il prêcha en tête-à-tête, variant son thème à l'infini, et ayant pour chacun une édition revue, corrigée et augmentée, *ad usum Delphini*. On appela alors ce grand travail de M. Thiers *le système des conquêtes* individuelles.

Le terrain ainsi préparé, M. Thiers rouvrit la session publique, et une discussion décisive s'engagea tout d'abord sur la loi des fonds secrets. Elle dura trois jours. Par des merveilles de prestidigitation oratoire, cet homme d'État, tout à la fois rusé et patient, réussit à satisfaire à peu près tous les partis de la Chambre. De ce jour-là, M. Thiers put se dire premier ministre, de par l'autorité du parlement, sans cependant servir de bonne foi aucun des partis de ce parlement, et même en les jouant tous.

Pour vivre, il lui fallut continuer ces périlleux exercices de bascule entre l'ancienne opposition et l'ancienne majorité ; il lui fallut satisfaire l'une par des mesures soi-disant libérales auxquelles il prêtait un appui apparent, et satisfaire l'autre par des manœuvres secrètes qui assuraient à ces mesures la défaite de l'ajournement. Ce fut alors que, dans des lettres confidentielles et contradictoires, on convia les députés de la gauche à venir dans les bureaux faire triompher la proposition Remilly (sur l'exclusion des fonctionnaires publics de la Chambre) et les députés conservateurs à l'y venir *enterrer*. Ce fut alors qu'on s'efforça de consolider les événements incertains par des places et des faveurs qui n'étaient pas toujours acceptées, promenant, par exemple, de M. Dupont (de l'Eure) à M. Martin (du Nord) un fauteuil à la Cour de cassation, sans que ni l'un ni l'autre ne voulût s'y asseoir. La tâche était rude. Bien à plaindre sont les hommes d'État que l'absence de convictions et de tous principes jette dans des situations aussi périlleuses pour leur dignité et leur honneur !

Qui aurait reconnu, dans ce premier ministre louvoyant alors avec astuce entre tous les partis, cet écrivain du *National de* 1830, si ardent, si décidé, marchant vite et droit à l'ennemi ? C'est que l'ambition de M. Thiers n'a pas pour but élevé de faire triompher des principes arrêtés, des idées nouvelles ; il se contente de renverser, de détruire tout ce qui peut lui barrer le chemin du pouvoir, sans s'inquiéter du reste. C'est que M. Thiers se montre révolutionnaire sans être libéral... (*Mémoires d'un bourgeois de Paris. —* L. Véron.)

M. Thiers n'aime sincèrement ni la liberté de la presse ni la liberté de la tribune. Quand il est au pouvoir, les discussions de la presse et de la tribune le troublent, l'arrêtent au point d'affaiblir parfois les ressources de son esprit. Il ne se passionne pour ces deux libertés que lorsqu'il dirige l'opposition, que lorsqu'il mène à des combats de scrutin une minorité que souvent il dupe après l'avoir égarée.

L'orgueil de M. Thiers blesse tout le monde, tant il s'affiche d'une façon puérile et montre de dédain pour autrui. Président du conseil et ministre des affaires étrangères pendant la durée du cabinet du 1ᵉʳ mars, M. Thiers, en lisant une dépêche qu'il recevait de M. Guizot, appuyait un jour du ton le plus vaniteux sur ces mots : *J'ai reçu vos instructions.* « Je n'aimerais pas, moi, ajoutait-il, recevoir des instructions. » (*Mémoires d'un bourgeois de Paris.*—Véron.)

M. Thiers a des penchants et du goût pour les hommes de savoir, de talent et d'esprit ; mais il faut que ceux-là mêmes acceptent sa domination, se dévouent à ses passions mobiles, s'ils veulent conserver quelque faveur près du maître. Sous le régime parlementaire surtout, les ambitieux avaient à recruter une clientèle dans les assemblées : M. Thiers voulait pour clients des sujets dont l'obéissance fût éprouvée... Pendant son passage aux affaires, M. Thiers, selon ses propres paroles, appelait et voulait autour de lui, non des collègues, *mais des commis ;* on était toujours, à ses yeux, assez capable, assez habile, lorsqu'on se montrait assez souple, assez soumis... « *L'esprit révolutionnaire,* dit M. Thiers, *se compose de passions pour le but et de haines pour ceux qui font obstacle.* » Paroles cyniques qui résument toute sa vie d'écrivain et d'homme d'État ! (*Mémoires d'un bourgeois de Paris.* —L. Véron.)

M. Thiers reconnaît dans le *Ccnstitutionnel* (1842) qu'il y aura bientôt dans nos finances un déficit d'un milliard, mais il s'efforce d'établir que la part du ministère du 1ᵉʳ mars dans ce déficit n'est que de 145 millions. Voici comment il justifie cette dépense :

« Sur 210,000 chevaux dans les rangs, il n'y en avait pas 150,000 en état d'entrer en campagne. On n'avait pas de quoi atteler cent bouches à feu. Il manquait 21,000 voitures, un matériel de l'artillerie. On ne possédait en magasins que 1,800,000 fusils au lieu de 3 millions qu'on doit avoir. La réserve de l'habillement était épuisée, on n'avait pas de quoi habiller 20,000 hommes. »

« Si l'on se rappelle, dit *la Quotidienne*, qu'après 1830 on a fait des dépenses énormes pour armer nos places de guerre et approvisionner nos arsenaux; pour remonter notre cavalerie et le matériel de l'artillerie; si l'on n'a pas oublié le reproche adressé alors à la Restauration d'avoir négligé ces armements, on se demandera avec surprise comment, après dix années de paix, notre matériel de guerre se trouve encore à renouveler. — On se demande ce que sont devenus les 20,000 chariots qui manquent à l'artillerie, ce que sont devenus les chevaux de la cavalerie, les fusils de l'infanterie, les magasins d'habillements et de munitions, quand il a été voté, pendant ces dix ans, des fonds surabondants pour tout cela. Il y a donc eu pillage universel de tout le matériel existant, ou une dilapidation frauduleuse des fonds destinés à l'entretenir. (*Quotidienne.* 1842.)

Félix Pyat à M. Thiers. — Monsieur, vous aimez les arts, vous les aimez, quoiqu'ils vous rappellent votre simple origine, votre humble commencement, le temps passé où vous faisiez le salon du *Constitutionnel*. Pour un homme consulaire, c'est bien. Dans un feuilletoniste il y avait un historien, un politique, un ministre ; que dis-je? un premier ministre, un président du conseil, presque un roi! Tout est dans tout, a dit M. Jacotot; tout était dans rien ou à peu près. Qu'est-ce, en effet, qu'un critique d'art à côté d'un secrétaire d'Etat? Il n'appartient qu'à Dieu et au peuple de faire tout de rien ; or, le peuple souverain vous a fait député, de journaliste; la révolution vous a pris au bas d'un journal pour vous mettre à la tête d'un cabinet. Si vous avez ensuite oublié la révolution et le peuple, ce qui pouvait être mieux, vous vous êtes souvenu du moins des arts, et, je le répète, cela est bien. Dans le ministre de l'intérieur ou de l'extérieur, il est resté de l'artiste. Cela est très-bien.

La preuve que vous aimiez les arts, c'est que vous avez demandé aux Chambres quelque cent millions pour eux. Peut-être ces pauvres beaux-arts n'en n'ont-ils pas beaucoup profité, autant du moins que vous l'auriez voulu; peut-être les travaux votés par les Chambres ont-ils été aussi mal donnés qu'exécutés; peut-être aurait-on pu faire mieux que des palais sans portes, comme au quai d'Orsay, et des églises sans fenêtres, comme à la Madeleine? Sans doute, on eût dû respecter le modèle du palais Pitti au Luxembourg et le chef-d'œuvre de Ducerceau à l'hôtel de ville. A coup sûr il eût fallu ne pas confondre dans un pêle-mêle babélique, impossible, les ordres d'architecture connus et inconnus, antique, gothique renaissance et autres, du haut en bas de cette grande porte cochère par où l'on entre de Neuilly à Paris, et qui s'appelle pourtant l'*Arc de Triomphe*. Mais tout cela est affaire de goût. Les millions ont été demandés, obtenus et dépensés, voilà l'important pour vous. Vous avez fait ce que vous avez pu. Vous n'étiez pas tenu d'avoir tout ensemble l'amour et le goût, le zèle et la science ; vous n'étiez pas obligé d'être un juge éclairé, un connaisseur infaillible, un Périclès, un Léon X. Ceux-là mêmes s'y sont trompés. Non, il ne faut pas tant exiger d'un seul, fût-il pape, roi ou ministre. C'était déjà beaucoup que vous fussiez un homme de bonne volonté. Il faut vous savoir gré du désir et vous tenir compte de l'intention. Donc, vous aimiez les arts, cela est prouvé, acquis à votre gloire ; bien ou mal, vous les aimez, et l'amour est aveugle, quoiqu'en fait de peinture et de sculpture, il serait bon qu'il vît clair. Enfin, vous les aimez incontestablement, et vous avez conquis le titre de ministre-artiste comme le titre de ministre-patriote. Vous méritez l'un comme l'autre, en vérité.

On dit même que vous les aimez beaucoup, passionnément jusqu'à la jalousie, jusqu'à l'exclusion d'autrui. Vous les aimez tant, que vous les aimez trop. Vous les aimez pour vous tout seul, ce qui est égoïste, comme vous aimeriez votre femme ce qui est différent.

Il y a surtout dans les arts un nom qui vous éprend singulièrement, un astre qui vous attire sans cesse, un génie de prédilection dont vous raffolez, un maître favori que vous préférez à tout autre, sans doute à cause de son triple talent qui ressemble au vôtre, un grand homme qui fut à la fois sculpteur, architecte et peintre, un esprit universel comme vous qui êtes homme d'arts, de lettres et d'État, bref le plus grand homme de l'Italie artiste, Michel-Ange Buonarotti.

Vous adorez celui-là et tout ce qui le touche, Florence, l'Italie, la Renaissance. Si vous êtes en même temps journaliste, député, historien, c'est pour mieux l'imiter. Si vous avez envoyé à Rome un de vos amis, le malheureux Sigalon, mourir à la peine sur la copie du *Jugement dernier ;* si vous avez entrepris vous-même une histoire de Florence à vos moments perdus de l'histoire de l'Empire, c'est toujours pour l'amour de Michel-Ange, à moins que ce ne soit pour l'amour de Machiavel. Mais non, vous n'êtes pas si prince que cela. Non, ce n'est pas l'homme politique, ce n'est ni Machiavel ni Médicis qui vous séduisent à Florence. Quand vous vous mêlez de politique, vous avez Napoléon ; à Florence, vous n'avez que Michel-Ange ! Ainsi vous faites de l'art avec Michel-Ange et de l'histoire avec Napoléon. Vous ne voulez que géants. — *Buonarotti* et *Bonaparte !* Voilà, dis-je, vos favoris, vos héros, vos amours ! Quel malheur que vous n'ayez pas vécu du temps de ces deux grands hommes ! Quelle place d'honneur Napoléon vous eût donnée dans son conseil, et Michel-Ange dans son *Jugement dernier !*

Mais ce n'est pas là la question. Il s'agit de votre goût pour les arts, que l'on dit excessif. Revenons-y. Vous avez donné, par exemple, au peuple français une copie de Michel-Ange, mais vous avez, dit-on, un original à vous, un groupe d'une beauté merveilleuse, dit-on toujours. Il paraît alors que vous vous y connaissez mieux pour vous que pour le peuple français. Si c'est là de la passion, ce n'est pas de la générosité. Sacrifier le public au privé, cela est très-artiste, sans doute, et très-propriétaire, mais peu ministériel, dans le beau sens du mot. On dit même que vous ne montrez ce groupe à personne, tout au plus à vos amis. Vous ne voulez ni qu'on le moule ni qu'on le grave, la vue même en est défendue, et la reproduction interdite, comme celle d'un roman-feuilleton. Le Musé royal n'a encore mis sur les œuvres d'art que cette restriction de *voir sans toucher*. Vous ne voulez ni l'un ni l'autre ; vous possédez ce groupe comme un avare son trésor, comme un eunuque, comme un sultan ses sultanes. Soit dit entre nous, et c'est pour cela que je vous écris, vous n'avez pas le droit d'aimer les arts autant que cela, d'aimer les arts jusqu'à en priver les autres ! Cela est mal. Michel-Ange ne vous appartient pas jusqu'à la confiscation, jusqu'à la prison. Permettez, nous l'aimons un peu aussi nous autres, pauvres gens. Et parce que vous avez le pouvoir de l'acheter, vous n'avez pas le droit de le posséder à vous seul. Il ne vous manquerait plus que d'acheter le soleil pour le mettre dans une boîte et l'interdire à tout le monde ! Le génie, monsieur, est le flambeau de Dieu, dont les rayons sont à tous et à personne ; sa lumière et sa chaleur sont à vous, à moi, à tous ceux qui ne sont ni insensibles ni aveugles. Il est le bien commun, et tout l'argent dont vous pouvez le payer ne vous fait pas maître d'en disposer à votre caprice, d'en *user* et d'en *abuser*, comme dit le Code à l'endroit de la propriété. Si vous vous croyez le droit, pour quelques pièces d'or, d'empêcher la reproduction d'un Michel-Ange, vous auriez donc aussi le droit de l'anéantir ! Croyez plutôt que vous détenez la propriété de tous, qu'un Michel-Ange appartient à l'humanité, à l'histoire, à l'étude de l'art, à son présent et à son avenir, qu'il serait bien de vous forcer à le montrer, de vous exproprier même, s'il le faut, pour cause d'utilité publique, vous et les autres recéleurs qui, comme vous, mettent les chefs-d'œuvre dans leur poche, les enferment, les cachent, les séquestrent, et les enlèvent ainsi aux regards des hommes pour qui ils ont été faits et créés.

Allons, propriétaire, ne jetez pas les hauts cris ! Tout l'or du budget, si gros que vous le votiez, ne saurait faire un Michel-Ange ! Vous le savez bien ; et pourtant, suivant vous, le premier venu pourrait, à prix d'argent, se rendre le possesseur, le maître, le tyran absolu d'une œuvre de génie, toile ou marbre, la séquestrer, la brûler, la couvrir et la briser à sa guise et à sa volonté. Ainsi, Turcaret serait l'arbitre de Raphaël, Harpagon le seigneur de Michel-Ange. Tel banquier, par exemple, qui, comme vous, a acheté Ribera et Murillo, Velasquez et Zurbarran ; tel général qui possède à d'autres titres tous les maîtres de l'Espagne, pourrait jeter au feu, mettre au pilon ces chefs d'œuvre, nous en priver après sa mort comme il nous en prive pendant sa vie. Il pourrait détruire impunément ce que tout l'argent du globe ne saurait remplacer. On a vu une reine de France, et des plus modernes, faire brûler la Léda, de Vinci, en haine des nudités, bien qu'elle eût, comme la prude de Molière, du goût pour les réalités. On a vu un grand roi, le roi par excellence, Louis XIV lui-même, couper un Véronèse, lui infliger le supplice de Procuste pour le faire entrer, bon gré mal gré, sur un dessus de porte. La propriété n'est donc pas une garantie de l'œuvre. D'ailleurs, ce droit jaloux de la propriété n'est pas si entier, si inviolable qu'il ne fléchisse souvent pour une raison ou pour une autre; il est réglé, borné, limité partout pour cause d'utilité publique. N'exproprie-t-on pas tous les jours un homme de sa maison ou de son champ, en vue d'un chemin ou d'un canal? Un propriétaire a-t-il le droit de mettre le feu à son toit, de jeter son blé à l'eau? A-t-il la licence d'accaparer le pain, le vin, la viande, le sel, que sais-je? tous les objets de consommation? bref, d'affamer le peuple à son gré? Non; la loi qualifie crimes les délits, les abus de propriété privée, et les punit dans l'intérêt public. Ici le privilége d'un seul cède à l'avantage de tous, le pouvoir individuel au besoin général, n'est-ce pas? Eh bien! parce que vous avez été ministre des intérêts matériels, croyez-vous que l'homme ne vive que de matière, qu'il n'ait besoin que de chemins et de canaux? Non, monsieur, l'homme ne vit pas que de pain; l'homme n'est pas tout ventre, Dieu merci! et vous en êtes la preuve, puisqu'il vous faut des chefs-d'œuvre pour vous.

L'homme a des appétits plus nobles, des besoins

spirituels non moins importants, non moins impérieux que les autres. L'âme réclame aussi sa nourriture, l'intelligence son pain quotidien. Les musées, les bibliothèques sont les magasins de la pensée, ses greniers d'abondance; les œuvres, livres, statues, tableaux, ses provisions. L'art est un des besoins, un des droits de la vie humaine; et nous en priver, c'est forfaire aussi, c'est devenir accapareur, affameur public; c'est tuer l'esprit, un délit, un crime plus grand que l'autre; et si vous redevenez ministre, je suis sûr maintenant que vous nous ferez une bonne loi là-dessus.

Tenez, monsieur, que diriez-vous si M. Paulin, par exemple, qui se connait en livres au moins aussi bien que vous en tableaux, et qui vous a acheté votre *Histoire de l'Empire*, se croyait le droit, après avoir payé votre manuscrit, de le lire à lui tout seul, de le mettre sous clef, sous cloche, de ne pas le publier enfin? S'il voulait garder *in petto*, pour en jouir avec ou sans ses amis, votre pensée, votre œuvre, votre travail, votre gloire? Certes vous feriez un bon procès à M. Paulin, et vous le gagneriez. Vous diriez au juge que vous avez écrit pour tous et non pour un seul; que vous aviez vendu votre livre pour l'éditer, que votre pensée vient de Dieu pour aller au peuple, que votre œuvre est au public, votre travail à tous, et vous auriez raison, deux fois, trois fois raison. Eh bien! ce que M. Paulin ferait à tort, ce qu'il se gardera bien de faire dans votre intérêt et dans le sien, et dans l'intérêt de tous, je suppose, vous le faites au détriment de Michel-Ange et de tous ceux qui l'aiment autant que vous. Vous confisquez, vous supprimez une œuvre de ce maître, sans souci de son honneur et de l'intérêt des artistes, qui ont tant besoin de leurs modèles. Si le pape eût pensé comme vous, monsieur, vous n'auriez pu faire copier la chapelle Sixtine ; et cependant comme ces grandes lignes, ces formes sévères épurent le cœur, élèvent l'âme, grandissent et fortifient l'esprit ! comme elles respirent et inspirent je ne sais quelle vertu et quelle force au spectateur, en le mettant au niveau de ce qu'il voit ! Comme la vue de ce *jugement dernier* remplit les artistes d'admiration, les tyrans de crainte et les opprimés d'espérance ! Comme il est bon et utile pour tout le monde de contempler ces graves et salutaires exemples que l'homme de génie donne au peuple au nom de Dieu même ; de se nourrir de cette manne sublime, de connaître ces hauts modèles, d'étudier ces grands maîtres, de créer à leurs images, ou de profiter de leurs leçons !

Si nous étions à Florence ou à Rome, je vous passerais encore le monopole de votre groupe, les chefs-d'œuvre foisonnent là-bas ; mais chez nous ils sont rares, les Michel-Ange surtout. Vous en avez un, et vous ne voulez pas le partager autant que possible. Décidément cela n'est pas bien. On ne vous demande pas de nous l'abandonner, nous n'en sommes pas encore là ; on ne vous demande que de le laisser servir, que de le laisser voir, que de le laisser graver ou mouler, copier et reproduire à volonté. Ce n'est pas trop communiste, je vous assure ; cela n'ôterait rien

à votre jouissance ni à votre propriété, à moins
que vous ne soyez comme ces mauvaises gens
qui ne dînent bien que quand ils dînent seuls, et
qui croient mourir de faim quand les autres
mangent ; ce qui est par trop propriétaire. Vous
ne devez pas être tout à fait de ces gens-là, car
vous étiez naguère, dit-on, de ceux qui dînaient
en artistes, qui mangeaient en artistes, qui mangeaient avec Charlet, Sigalon et les autres chez la
mère Saguet.

Je suis donc, monsieur, en attendant le plaisir
de voir, comme tout le monde. le groupe de
Michel-Ange, votre très-humble et très-obéissant
serviteur.

Félix Pyat.

(*Extrait de l'Almanach du mois de 1845, p.* 199.)

Thiers, historien, écrivait en 1824 : « Le partage des États vénitiens n'avait rien qui ressemblât
à l'attentat célèbre qu'on a si souvent reproché à
l'Europe. La Pologne fut partagée par les puis-
sances mêmes qui l'avaient soulevée et qui lui
avaient promis solennellement leurs services. La
Pologne était un *État dont les limites étaient claire-
ment tracées sur la* carte d'Europe ; dont l'*indépendance était pour ainsi dire commandée par la nature,*
et importait au repos de l'Occident ; dont la cons-
titution quoique vicieuse, était généreuse, dont
les citoyens, *indignement trahis,* avaient déployé
un généreux courage, et avaient mérité l'intérêt
des nations civilisées. »

En 1831, M. Thiers député, disait : « La Pologne est une vaste plaine entourée d'États qui ont des frontières solides ; elle n'a point de montagnes pour se défendre, et le plus beau de ses fleuves ne coule pas autour de son territoire, mais au milieu. La Pologne avait un gouvernement sans cohésion ; elle n'avait ni tiers états, ni industrie, ni richesse.

« Le partage de la Pologne fut un grand attentat, mais cet État *était nécessairement soumis à l'influence de la Russie*, et la Russie voulait d'ailleurs prendre aux Turcs la Moldavie et la Valachie et par conséquent l'embouchure du Danube ; le grand Frédéric pensa que le partage de la Pologne serait beaucoup plus utile à la sûreté de l'occident de l'Europe. L'intérêt que mérite la Pologne n'est donc qu'un intérêt de sentiment et non de politique. » (Session, 24 septembre 1831.)

———

M. Thiers expliquait ainsi, en 1832, sa défection de son ancien parti : « Si le gouvernement a attaqué ceux qui s'appellent exclusivement les patriotes, s'il les a attaqués par la presse, s'il les a attaqués par les armes, le tort n'en est pas à lui ; car c'est avec douleur qu'il le faisait, car c'est avec douleur qu'on se sépare des hommes avec lesquels on a combattu pendant quinze ans, qu'on se voit obligé de leur faire des procès et des charges de cavalerie. » (*Séance*, 29 *novembre* 1832.)

Le 28 mai 1833, M. Thiers disait : « Sous la Restauration, nous avons été indignés de voir des condamnés politiques traités comme des voleurs, comme les autres détentionnaires ; je n'ai pas voulu qu'on pût sous le régime actuel, élever les mêmes plaintes ; je n'ai pas voulu que ces hommes mêmes qui avaient attaqué la garde nationale et versé le sang de leurs concitoyens dans les journées de juin fussent assimilés dans nos prisons avec les autres malfaiteurs. »

Et c'est sous M. Thiers, ministre de l'intérieur, que *Raspail* et *Bonnias*, condamnés politiques, furent conduits à pied, les menottes aux mains, par des gendarmes, de Paris à Versailles !

C'est M. Thiers qui, à la même époque, fit organiser la forteresse du mont Saint-Michel, en maison de détention pour les condamnés politiques...

C'est sous M. Thiers, président du conseil, que les condamnés du 12 mai ont été mis au régime cellulaire.....

———

1833. M. Thiers, ministre de l'intérieur, reçoit un jour une lettre par laquelle un inconnu le priait de se rendre, dans la soirée, aux Champs-Élysées, lui promettant des communications de la plus haute importance. M. Thiers mande le chef de la police, lui montre la lettre et lui demande conseil. Celui-ci représenta au ministre qu'un pareil rendez-vous était trop bizarre pour ne pas cacher un piége, et qu'il fallait s'abstenir. Mais dominé par un intérêt qui le poussait impérieusement à tenter l'aventure, M. Thiers ne tint aucun compte des représentations provoquées par lui-même, et, l'heure du rendez-vous venue, il se dirige vers les Champs-Élysées, des pistolets dans ses poches. Arrivé au lieu désigné, il aperçoit un homme qui paraissait en proie à un trouble mêlé de terreur. Il s'approche, il l'aborde : cet homme était *Deutz*. Là commencèrent les confidences dont un crime devait être le résultat. La nuit suivante, et grâce à quelques mesures ordonnées par le chef de la police, Deutz était secrètement introduit au ministère de l'intérieur. « *Vous allez avoir une grande fortune*, lui dit M. Thiers. A ces mots, le juif éprouva une émotion si forte que ses jambes tremblèrent et que son visage s'altéra profondément. *Le marché de la trahison fut conclu sans peine*. (*Histoire de dix ans*, t. IV, *L. Blanc*.)

« Il est vrai, disait M. Thiers, le 10 juin 1833, que la duchesse de Berry a été arrêtée, *sans les formalités légales*; il est vrai qu'on avait donné des ordres pour qu'elle fut arrêtée de jour ou de nuit, *sans l'intervention du magistrat*. Les portes ont été forcées. En tout cela, *on s'est mis au-dessus de la loi commune*. La duchesse de Berry a *été détenue sans jugement*, cela est encore vrai ; enfin elle est renvoyée aujourd'hui sans aucune des formalités de la loi commune, cela n'est pas contesté. »

C'est ainsi que M. Thiers savait s'arranger de la loi.

Vous allez avoir une grande fortune, avait dit M. Thiers à Deutz. Quel fut le prix de la trahi-

son tramée entre le ministre et le misérable juif?
On l'ignore. Mais ce que l'on sait, c'est que dix
ans plus tard, Deutz, revenant de l'Australie, sous
le nom de Durançot, se présentait devant le consul
de France à Londres afin d'obtenir un visa de
passeport pour se rendre à Paris. « Je suis Deutz,
« dit-il au consul. Je reviens de la Nouvelle-Galle
« en Europe pour demander compte de ma femme
« et de mon unique enfant qu'on a laissés presque
« mourir de faim et dont M. Maurice Duval m'a-
« vait promis que la famille royale aurait soin. Je
« croyais que ma femme était chez madame la
« duchesse d'Orléans, et voilà que j'apprends que
« pour vivre, elle a dû suivre une princesse russe.
« Les choses ne peuvent pas se passer ainsi et je
« veux, je dois parler, il me faut justice. » Deutz
parvint en effet à Paris, mais le préfet de police
prévenu, après lui avoir fourni argent et effets,
le fit rembarquer au Havre (novembre 1843) pour
la Nouvelle-Orléans. Chaque mois une indemnité
de 150 francs lui était payée par la banque Deles-
sert de Paris. Deutz profita peu de cette pension :
au mois d'août 1844, on apprit qu'il était mort à la
Nouvelle-Orléans, le 1ᵉʳ juillet de la même année.

M. Thiers fut, on le sait, le rédacteur des *lois
de septembre* 1835 sur la presse. Il rassurait ses
confrères alarmés par ces mots : « Donnez-moi
tout cela. J'ai appris dans l'opposition ce qu'on
peut faire avec des journaux ; je vais vous les tuer
tout d'un coup. » (*Biographie par un localaire de
Sainte-Pélagie.*)

Lorsque l'opposition s'écriait, à la Chambre, que les lois de septembre violaient la charte, M. Thiers répondait : « Nous sommes la majorité ! — Ne nous dites plus que nous violons la charte. Cela signifie que vous le croyez, mais vous êtes une minorité. Je vous en demande pardon, au nom de cette charte ; comme minorité, vous n'avez que l'avis d'une minorité, et vous ne devez pas être surpris *si devant vos avis nous ne nous arrêtons pas.* » (18 *août* 1835.)

Le peuple, par son ardeur naturelle, est toujours assez disposé à la révolte contre les gouvernements. Mais pour oser s'y livrer, il a besoin de recevoir le signal de la classe moyenne ; ce qui fait que le sort de tous les gouvernements est dans cette classe, c'est-à-dire dans l'opinion. (*Monarchie de* 1830, par M. Thiers, député des Bouches-du-Rhône, 1831 pag. 16.)

Il faut avoir un profond sentiment de son droit pour oser mitrailler un peuple : il faut croire à l'excellence de sa cause pour être vainqueur. (*Idem*, p. 16.)

Il faut être présent sur les lieux quand les couronnes se donnent... (*Id.*, p. 20.)

Que voulions-nous avant juillet ? La monarchie représentative avec une dynastie qui en admit les conditions, *et qui pour cela nous dût le trône.* (*Id.*, p. 22.)

... Henri V, enfant, élevé à Paris sous la tutelle du duc d'Orléans ; celui-ci régent et chargé temporairement de l'administration du royaume *com-*

posaient le plus ridicule, *le plus impossible des gou-*
vernements. (*Id.*, p. 25.)

Tableau de la famille des Bourbons. Un vieillard
passant de la messe à la chasse; son fils s'occu-
pant de revues et d'uniformes, sans vues de gran-
deur, *uniquement pour s'assurer une armée dévouée*,
car on ne disait pas alors : l'armée est nombreuse,
belle, aguerrie. on disait : « Elle est fidèle; » *un*
enfant livré à un émigré et à des évêques sans lumières;
une princesse qui aurait pu avoir la majesté du malheur, et *qui n'en avait que l'aigreur*, une autre princesse *dissipée et fanatique* comme une Italienne;
telle était cette famille... (*Id.*, p. 63.)

La république n'est pas faite pour les États
grands, vieux, civilisés; elle ne peut subsister dans
les États tout militaires, elle y dégénère bientôt
en gouvernement du sabre. (*Id.*, p. 29.)

La monarchie de juillet n'avait pas besoin de la
sanction populaire. — Tout ce qu'on a écrit contre
cette vérité ne sont que des *sophismes* partis de
différentes extrémités politiques, répétés par les
démagogues de 1830 et par les publicistes de la
Restauration, et *ayant si peu de valeur* qu'ils ne
devraient par arrêter des esprits sérieux et solides...

... *Quand un pays est gouverné en sens contraire*
de ses intérêts, de ses besoins, de ses vœux véritables,
il a le droit de briser le gouvernement qui le dirige
de la sorte. Quand il en est arrivé à ce point, il
ne conspire pas, il éclate spontanément, il ren-
verse d'un mouvement unanime le gouvernement
sous lequel il se sentait opprimé. Après avoir détruit, il remplace aussi vite qu'il a détruit, car un

pays ne peut exister un seul jour sans loi et sans autorité. Son droit de faire ce qu'il a fait, *la sanction de ce qu'il a fait, tout cela est dans l'unanimité même qui l'a porté à agir.*

Paris a fait la révolution de juillet;... Paris n'a pas consulté la France, et la France l'en a parfaitement dispensé, parce que Paris et la France ne faisaient qu'un en ce moment. Paris, c'est-à-dire les individus qui avaient détruit, ont remplacé ce qu'ils avaient détruit... C'est Paris encore qui a terminé en deux jours la révolution qu'il avait commencée, et *la France ne lui en a pas davantage demandé compte.* La France a voté des fonds pour les blessés qui avaient fait une révolution sans la consulter, et des distinctions pour ceux qui, à tous les titres, y avaient contribué.

« Soit, dira-t-on; mais, cela fait, il fallait consulter la France pour savoir si elle approuvait ce qu'on avait fait. » Ici commence, dans le raisonnement, ou le ridicule ou la perfidie. Quand on *entreprend* une révolution, on serait insensé ou coupable, ce qui revient au même, de l'entreprendre *sans savoir si le pays la désire; mais quand tout ce qui est à votre portée vous seconde assez pour vous donner le courage d'agir,* c'est qu'en effet le pays la désire. La France souhaitait la révolution de juillet, car le tressaillement de Paris se reproduisit dans toutes les grandes villes du royaume; car *sans avoir encore de nouvelles, on prévit, on espéra, on devina que Paris avait fait une révolution... Les imaginations plus promptes que les courriers ou les signaux* disaient : Paris a renversé les Bourbons!.,. C'est ainsi qu'en 1800, la veille même dujour de l'arrivée de Bonaparte, avant de savoir s'il avait quitté l'Egypte, on disait qu'il était arrivé en France. On le devinait parce qu'on avait besoin de lui. Il y a des jours où tout un peuple étendu sur des millions de lieues carrées n'a qu'une pensée, un vœu, un cri; il sait, il voit, il fait presque ce qui se sait, se voit, se fait à trois cents lieues...

... Veut-on la preuve d'une ratification expresse? Elle n'a pas cessé depuis quinze mois. On a écrit des adresses, on a envoyé des députations de toutes les parties de la France; il n'y a pas si petite commune qui n'ait envoyé son maire, son capitaine ou son colonel de garde nationale. Toute la France a supporté des impôts écrasants; quatre cent mille hommes ont répondu à l'appel du gouvernement pour se rendre sous les armes; enfin quatre cent cinquante neuf députés ont été élus ou réélus, sans qu'aucnn eût mission de protester.

Que veut-on de plus? du papier timbré, c'est-à-dire des délibérations d'assemblées primaires, ou des registres ouverts chez les notaires? *En vérité de telles jongleries ne sont plus de notre temps.* A voir le bon sens et le positif de notre époque, il semblait qu'elles ne seraient plus proposées. Quand un pays, en effet, s'est levé par un mouvement unanime, *quand il a ratifié un gouvernement par des milliers de signatures apposées au bas de ses adresses,* quand il a fait voyager, *pour venir le saluer,* des milliers de députés; quand il s'est résigné aux plus *courageux* sacrifices pour le maintenir; quand il a participé à son action en s'assemblant pour des élections continuelles; *quand enfin on sent ce qu'il veut, comme on sent tous les faits d'opinion publique, par ses yeux, ses oreilles, son esprit:* vouloir le réunir eu assemblées primaires ou le faire passer chez des notaires, pour compter une à une des voix qui se sont prononcées par acclamation, c'est en vérité une *chose ridicule et puérile.* Cela ne s'explique que par une *intention perfide.* On désirerait des assemblées primaires pour mettre en action les *populaces* de l'ouest et du midi, pour mettre en présence les démagogues et les carlistes de certaines provinces, *pour avoir enfin quelque occasion de guerre civile...*

On sait bien du reste que le gouvernement ne cédera pas à ces provocations puériles; mais alors on en profite, et c'est un argument tout préparé pour les *sophistes* qui lui répètent : Vous êtes une monarchie populaire non confirmée par la souveraineté populaire. (*Id.,* p. 35 à 42.)

———

La souveraineté populaire rappelle dans le gouvernement l'intervention des masses qui n'y ont jamais paru que pour le bouleverser, le rendre anarchique, violent et sanguinaire. (*Id.,* p. 46.)

Dans le système électoral actuel, *la fraude est reconnue impossible*; la réduction de l'âge à vingt-cinq ans, du cens à 200 fr., a satisfait tous les esprits raisonnables, excepté les partisans du suffrage universel... Une combinaison électorale, même restreinte, donne toujours la vraie majorité, quand l'opinion est fortement et généralement prononcée... Quelle que soit la combinaison électorale, *la majorité est la bonne souveraine. (Id.,* p. 51.)

Cette monarchie, nous l'avons voulue, nous la voulons encore, non par un goût d'esclave pour un État où l'on dépend d'un homme, mais par intelligence d'un système admirable où, sous la *dépendance apparente d'un homme,* on ne dépend que de la loi; par intelligence d'un système auprès duquel *la République n'est qu'une ébauche incomplète et insuffisante, très en arrière de la civilisation et de l'art de gouverner les peuples. (Id.* p. 60.)

En 1830, on ne prenait pas au clergé ses biens, on n'enlevait pas à ces *hobereaux* du midi ou de la Vendée leurs terres, leurs droits féodaux, etc.; on laissait les mécontents, rêvant Henri V, s'enfermer dans leurs terres pour y *mal penser,* y *mal parler,* y *mal inspirer* leurs fermiers et leurs paysans... Il est bien vrai que ce parti ingrat auquel on a fait grâce dans la personne de ses chefs est sans reconnaissance et sans justice; je sais bien que ce parti, assassin de Ney, de Brune, de Labédoyère et de tant de victimes, que ce parti offense notre révolution, notre roi, ses ministres qui résistèrent et les appelle proscripteurs. (*Id.* p. 72, 78, 79.)

L'ordre légal, c'est se laisser critiquer, calomnier, braver, détester, maudire; *c'est souffrir que chacun pratique sa foi, même une foi hostile, et prie le ciel contre votre existence et votre propriété.* (*Idem,* p. 80.)

En général, les moyens extraordinaires servent peu, même en temps de crise. Faites une loi contre les journaux : si vous employez une pénalité trop forte, ils la bravent; si vous employez la censure, ils se changent en brochures, ils n'en sont que plus véhéments ; et la censure supprimée, ils sont d'une violence dévastatrice.

Faites une loi sur la liberté individuelle : les conspirateurs, s'il y en a, vous échappent, mais comme le mal n'est pas dans les conspirateurs, *car jamais conspirateurs n'ont renversé le gouvernement qu'ils attaquaient;* comme *le mal est dans l'agitation des âmes,* il faut, pour faire quelque chose, emprisonner cent mille supects, et *chacun sait ce qui en résulte.*

En administration, les moyens extraordinaires peuvent servir un peu davantage, *mais en ruinant.* Les *réquisitions épuisent et gaspillent dix fois plus de ressources qu'elles n'en produisent ; les assignats servent à vivre quelques jours, au prix de la banqueroute dans quelques mois...* Si c'est uniquement par impatience, par désir précipité d'en finir, qu'on veuille employer des mesures exceptionnelles; alors, qu'on me permette de le dire, le système déjà fort contestable en temps de crise, devient, quand on n'y est pas, aussi absurde que coupable. (*Idem,* p. 82, 83, 84.)

Il faut tout attendre du temps qui seul dissout les partis, en leur montrant la vanité de leurs espérances, l'impuissance de leurs menées, en obligeant les oisifs, qui font le fond des partis, à embrasser une profession, une carrière, à se jeter dans l'orde de choses existant pour s'y faire une place. Il n'y a point de répugnance que ce temps, si bienfaisant, n'efface. Il calma, comme on sait, en 1801, les répugnances des émigrés, des Vendéens, des prêtres : car on sait où les trouva la légitimité, quand elle veut les suspendre en 1814 : ils ne conspiraient plus, ne *chouannaient* plus, ne prêchaient plus, ou *ne prêchaient que pour le fils de la victoire*. (*Idem*, p. 85.)

Un gouvernement est dans sa vraie position quand il a derrière lui le parti ennemi, et un peu en avant de lui son propre parti, ou du moins la portion exagérée de son parti. Un gouvernement est perdu quand il ne sait pas résister à ses amis, et même rompre avec eux, pour n'être d'aucune faction. Les gouvernements n'ont jamais péri par leurs ennemis, mais par eux-mêmes, par l'exagération de leur principe. (*Idem*, p. 87,)

Il y a une maxime vieille comme le monde : *Si vos ennemis souhaitent une chose, c'est le contraire qui est bon pour vous.* (*Idem*, p. 38.)

Un gouvernement est méprisable qui ne sait pas contenir son parti et se laisse mener par lui. (*Idem*.)

Quiconque n'emploie que les moyens légaux et réguliers, et compte sur le temps, a le temps pour lui. Le temps protège qui l'invoque. (*Idem*, p. 89.)

Il y a trente ans, il se passa un événement merveilleux : la France, d'un état de dissolution complète, passa en deux ans à un état de calme, de prospérité, de paix et de contentement avec une rapidité inouïe. Ce passage subit a surpris l'imagination des contemporains, et laissé une impression profonde. C'était en 1800. Un homme extraordinaire qui, du sommet des Alpes s'était envolé jusqu'au sommet du Thabor, des bords du Pô jusqu'aux bords du Jourdain; qui, pour faire tant de trajets divers, avait passé à travers les flottes de Nelson avec cinq cents voiles; cet homme sur le bruit que *la France expirait*, revint en passant encore à travers les vaisseaux de Nelson, débarqua soudainement, apparut à un gouvernement surpris, *honteux de sa faiblesse*, le renversa avec les dragons d'Arcole, *en établit un simple et ferme*, franchit le Saint-Bernard, fit encore une merveille, revint à Paris, *devint en un jour financier, administrateur, législateur*, et rayonnant de jeunesse et d'avenir, se montra aussi grand dans l'art de vaincre que *dans l'art de gouverner et d'administrer les empires*. Mais cet être prodigieux avait pour lui son génie, ses soldats et par-dessu tout la passion qu'il inspirait au monde. (*Idem*, p. 135, 136.)

———

Au-dessous d'un portrait de M. Thiers.

Ce petit Foutriquet, dont la France se moque,
A du bonapartisme arboré le drapeau.
Des brillants souvenirs, qu'avec bruit il évoque,
Aux campagnards séduits il présente l'appeau.

Et pour mieux soutenir son candidat baroque,
Astucieux serpent, il a changé de peau.
Du vainqueur d'Austerlitz il a pris la défroque.
La redingote grise et le petit chapeau.

La lorgnette à la main, en général habile,
Il contemple le champ, souillé d'encre et débile,
Où combattent Bugeaud, Girardin et Véron.

Ce pygmée, affublé d'un harnais de bataille,
Espère en vain grandir sa misérable taille;
Mais ce n'est que le tiers d'un faux Napoléon.

(Revue comique, 1848.)

Juillet 1848. — Le replâtrage de l'état social brisé en février est votre *nec plus ultra*, disait M. Em. Barrault dans une lettre à l'adresse de M. Thiers. Peut-être plagiaire à contre temps du procédé impérial, ne vous interdiriez-vous pas une campagne, équipée de printemps ; mais vous baseriez l'ordre sur le système de compression, vous y avez la main faite. Si vous glorifiez le Consulat et l'Empire, vous suivez d'inclination les errements du règne qui vit vos beaux jours. Tout vous y convie. La génération de Louis-Philippe, tristement décapitée, vous recherche, et vous vous y résignez comme une tête magistrale à une queue désorientée ; tronçons qui, après une blessure, adhèrent sympathiquement pour s'enchaîner par la même ornière au devant du même acier. Vous ne *napoléonisez* pas, monsieur, vous *philippisez*....

..... Ce qui vous caractérise, monsieur, c'est l'empire du *fait* sur vous. Votre foi dépend du voir, du toucher, et, à moins d'être un lieu commun, l'*idée* n'entame pas votre intelligence.

..... Ce que vous acceptez comme légitime, c'est la victoire du tiers-état parce qu'elle est consommée ; la fortune du peuple, avortant dans une défaite, est une cause perdue ; vous opinez pour les causes gagnées. Que la Convention ait défendu efficacement notre territoire, vous l'honorez ; qu'elle ait milité en faveur de l'unité d'une doctrine démocratique avec la terrible impassibilité du bourreau et du martyr, c'est peu d'accuser, vous calomniez. La doctrine sans effet est extravagance. Aux faits accomplis le bénéfice de la moralité, les faits improspères sont dignes du charnier ou indignes de l'auréole, vous n'en désirez ni les développements ultérieurs, ni l'essence qui les consacre, Vous n'avez que les yeux de la chair, vous immolez à la forme la formule, la vie même.....

..... Capable de vous passionner pour le monumental exécuté, incapable de vous dévouer aux plans de monuments futurs, vous avez été l'historien du vaste, le ministre du menu. La plume à la main, vous arrivez à l'ampleur; le portefeuille sous le bras, vous vous étriquez.....

..... Le reproche qui vous est universellement adressé est de manquer de principes et de charité. Ardent à satisfaire une ambition que vos talents justifiaient sans doute, né de la liberté, vous l'avez trahie; le pouvoir, vous l'avez conquis ou retenu par intrigue ; c'est le bruit général, et vous n'êtes pas à l'abri du soupçon d'avoir obéi aux fils d'un prestidigitateur couronné par le triomphe de vos rivaux, sans être moins suspect de l'avoir sournoisement embarrassé de vos rancunes. Enfin, l'épithète de brouillon vous est restée et votre vie politique n'a pas témoigné de votre cœur. Pour moi, ce que je vous reproche, c'est d'être sorti du peuple et de l'avoir oublié.

..... Pour vous, gouverner la République, ce serait prendre une revanche contre elle.

Vous êtes un prétendant interné. Et bien des gens parient pour vous, monsieur, et nuls journaux n'ont le verbe aussi haut que les vôtres. Pour vous, vous n'avez point encore paru à la tribune, vous vous emparez préalablement de toutes les positions dans chaque bureau et vous ménagez à vos paroles, adroitement embusquées dans le vote, le retentissement et l'autorité. Tout est bien calculé pour soumettre l'opinion et pour créer une majorité compacte. Vous racolez la peur, vous recrutez l'égoïsme. Autour de vous, sous votre commandement, manœuvrent, avec le feu d'un état-major non pourvu, toutes les ambitions que la dynastie avait désappointées et que la République n'a point casées... C'est ainsi qu'en acteur consommé vous préparez votre entrée, vous avez l'art de faire attendre et d'attendre... *Si jamais une scission irréparable se prononçait entre le peuple et la bourgeoisie, vous en seriez l'auteur,* puisque vous êtes si courageusement résigné aux misères du prolétariat, puisque vous n'attribuez aux classes supérieures, vis-à-vis de la masse, aucune mission active, aucun rôle politique. Un ordre sérieux ne s'établira qu'au prix d'un progrès qui résolve avec mesure la question posée ; vous niez la question, vous ne résoudrez rien, *vous nous mettrez en plein gâchis.*

M. Guizot a été le Polignac de la bourgeoisie monarchique; *ne tremblez-vous pas d'être le Polignac de la République bourgeoise?*

Un soir, dit-on, dans un salon de la rue Saint-Florentin, vous aviez tenu brillamment le dé de la conversation, et vous étiez sorti, payé par le gracieux sourire du prince dont vous étiez l'enfant gâté. Vous parti, le cercle interroge des yeux l'opinion du prince qui ne souriait plus : « *M. Thiers a bien de l'esprit,* » dit M. de Talleyrand, et le cercle écoute toujours, sachant, d'après les habitudes de l'oracle, que cette phrase n'est que la moitié d'un distique habilement coupé par une pause, et alors, tout négligemment, M. de Talleyrand termine par ces mots : « M. THIERS PERDRA LA FRANCE. » Sur ce, monsieur, pour la France et pour vous-même, je prie Dieu que vous restiez toujours à l'état de soleil levant.

Em. BARRAULT,
Rédacteur du Tocsin des travailleurs.

..... C'est un fait immense d'être au pouvoir. On me dit qu'on veut la légalité, on me parle de loyauté. Je ne révoque rien de tout cela; mais enfin je ne puis pas effacer, malgré le respect que j'ai pour toutes les déclarations qu'on me fait ici, je ne puis pas effacer de ma mémoire l'instruction que j'ai passé une vie bien longue à acquérir, je ne puis pas effacer de ma mémoire toutes les notions de l'histoire.

Eh bien! malgré les déclarations qu'on peut faire les plus loyales, les plus sincères aujourd'hui, *je dis que le parti qui est au pouvoir est celui qu'il faut surveiller avec une grande attention, car il a, prenez garde, toutes les faveurs à distribuer.*

Avez-vous vu un pouvoir rester quelques jours dans ce pays sans y créer des intérêts, sans s'y créer des créatures? Nous avions fait de grands progrès dans les idées; depuis quelques jours je commence à en douter, d'après toutes les théories que j'entends apporter à cette tribune, nous avions fait des progrès dans les idées libérales, et cependant la faculté de donner des places, des décorations, *tout cela a-t-il perdu de son empire?*

Et puis ce pays a ses défauts ; lorsqu'il est soulevé, il est irrésistible, à ébranler les plus intrépides courages. Quand il est remis, *avec quelle promptitude il est soumis !* comme il trouve tout bon ! *comme il trouve parfaitement excusable ce qui, autrefois, lui paraissait des crimes !* Eh bien, dans une disposition pareille, *être au pouvoir c'est un fait énorme. (Séance du 17 janvier 1851. Assemblée législative. — Thiers, député.)*

Voyons, exposez-nous aussi vos idées, disait, en 1849, M. Louis Blanc à M. Thiers. La société souffre, elle est malade, elle se divise en partis ennemis ; elle mène depuis tantôt un demi-siècle, entre les crises de l'industrie et les révolutions de la politique, entre la misère des uns et la peur des autres, une existence violente et fiévreuse. Que savez-vous, qu'apportez-vous comme remède à ces maux? — Rien, dites-vous. Je laisse faire, je laisse passer, je n'ai pas la prétention de réformer le monde. — Mais, prenez garde ! si la réponse est acceptable de la part d'un simple particulier, de la part d'un homme d'Etat elle est pitoyable. J'entends... vous avez été ministre, et vous croyez que l'art de gouverner les hommes consiste à faire des lois de septembre, à ouvrir des prisons, à donner au pouvoir un glaive et une cuirasse, à vaincre dans le combat des rues, et à dire ensuite : Nous sommes les plus forts!... Ah ! monsieur, au moins faudrait-il, dans ce cas, être le plus fort jusqu'au bout. Or répondez : Qu'avez-vous fait de la monarchie? Vous n'avez donc pas même le succès pour voiler la honte de votre administration dure et stérile, de votre politique sans idée. Cette administration, cette politique, trois mots en racontent l'histoire : *l'agitation dans l'impuissance, le chaos pour aboutir au néant...* (*Nouveau monde,* 1849.)

———

M. Thiers l'emporte ! quinze mille voix se sont réunies sur son nom ! Nous nous inclinons devant les décisions des électeurs ; mais nous déplorons ce résultat. M. Thiers est, à nos yeux, comme nous l'avons dit, l'incarnation la plus réelle du principe autoritaire et répressif, prêt, pour arriver à ses fins, à se couvrir de tous les masques, et n'ayant d'autre libéralisme que celui qui peut l'aider à ressaisir le pouvoir?

M. Thiers est un clérical plus dangereux qu'aucun autre, parce qu'il est sans foi et sans conviction. Puissent les électeurs qui l'ont nommé ne pas avoir à se repentir comme ceux de 1848, qui, après avoir choisi un candidat soi-disant plein de dévouement à la République, ont vu avec stupéfaction qu'il conspirait contre l'ordre de choses régénéré et contre le suffrage universel, qu'il ne parvint pourtant pas à détrôner!

En envoyant M. Thiers à l'Assemblée, les électeurs ont peut-être envoyé un ministre à l'Empire, ministre plus intolérant, plus illibéral, plus réactionnaire, plus papiste qu'aucun de ceux que l'Empire ait eus jusqu'alors à son service... M. Thiers a été le Benjamin des jésuites de toutes les Églises et de toutes les opinions. (I. ROUSSET. *Le National de* 1869, 9 juin 1869.)

TABLE DES MATIÈRES.

---

559 — Paris. — Imprimerie Cusset et Cⁱᵉ, rue Racine, 26.